Bibliografische Information der Deutschen Nationalbibliothek:
Die Deutsche Nationalbibliothek verzeichnet diese Publikation
In der Deutschen Nationalbibliografie; detaillierte bibliografische
Daten sind im Internet über http://dnd.dnd.de abrufbar.

© 2016 Stephan Braun
Herstellung und Verlag:
BoD – Books on Demand, Norderstedt

ISBN: 978-3-7431-4319-7

Fotos:

- Wikipedia Erkenne dich selbst 1894 Phenologie
- Wikipedia Bewusstseinsvorstellung aus dem 17. Jahrhundert Robert Fludd
- Bild der Welthungerhilfe
- Bilder Google Hungertod
- Bilder Hunger in Afrika
- Bilder aus meinem Buch " Die Einsamkeit Gottes und seine Gerehtigkeit
- Bild Francisco Goya Der Koloss (Panik) 1808- 1810
- Wikipedia Pyramide of Capitalist System, Zeitung Industrial Worker 1911 Cleveland, Ohio
- die restlichen Bilder sind meine persönlichen Bilder aus meinem Buch , Die Einsamkeit Gottes und seine Gerechtigkeit

1

Inhaltsangabe

sprich nur ein Wort und meine
Seele wird gesund

Einleitung erster Teil des Themas　　　　　　　　Seite 3 - 4

Eine kurze Selbstdarstellung meines bisherigen Lebens, mein Suchen, mein Scheitern, meine Form von Zerrissenheit an Gott, mein Hass, und mein tägliches Aufstehen.　　　　　　　　Seite 5 – 24

Selbstdarstellung　　　　　　　　Seite 25 -40

Überleitung / Übergang, afrikanische Lebensweisheiten in Sprichwörtern
　　　　　　　　Seite 40 – 43

Einleitung des zweiten Teils/ Reportagen

You tube Reportagen über Hunger und Hungertod, Bildmaterial im Kontrast zu Zitaten aus der Weltliteratur, Bildmeditationen　　　Seite 43 - 76

Stationen Flüchtlingsarbeit.　　　　　　　　Seite 76 –93

Tagebuch meiner Reise nach Smokey Mountain in Manila und Garbage Dump in Cebu　　　　　　　　Seite 94 -195

Schlusswort　　　　　　　　Seite 196

Einleitung, Einstimmung

Schwierig, sehr schwierig.

In der Musik, hier die Oper, gibt es am Anfang der Aufführung eine sogenannte Ouvertüre. Der Komponist stellt ein oder mehrere musikalische Themen rein instrumental vor. Da die meisten Besucher halt diese Oper kennen werden sie sozusagen musikalisch eingestellt, eingestimmt.

Dieses Unterfangen ist natürlich bei einem komplexen Buch weitaus mehr differenziert.

Deswegen falle ich sozusagen gleich mit der Tür ins Haus.

Dieses Buch schreibt über den Begriff Seele und damit zu Gleich auch über den Begriff, ja wie nenne ich das jetzt, Nichtseele. Der Vereinfachung und der Tatsache geschuldet, dass einer Seele auch der jeweilige Mensch zugeordnet werden muss. Um diese Polarität zu vereinfachen habe ich zwei simple Ausdrucksformen gewählt.

Der Seelenmensch und der seelenlose Mensch.

Immer wenn ich über die Seele schreibe benutze ich diese beiden Begriffe.

Es ist logisch, dass diese Erdkugel von Seelenmenschen und seelenlosen Mensch bevölkert wird. Zu mindestens erscheint dies so. Darauf wird noch einzugehen sein. Wenn dem so wäre wie funktioniert es, dass zwei so verschiedene Wesen miteinander zusammen leben können? Auch darauf wird noch hier darüber nachgedacht. Warum ist das nicht schon vorher geschehen? Denn entweder gibt es die Seelenwesen oder nur die seelenlosen Wesen.

Wie schon in meinen beiden ersten Büchern verwendet werde ich Meditationen einwirken lassen. Einfach um Inne zu halten, oder auch der Provokation wegen.. Dieses sage ich hier gleich im Anfang. Ich tue dies bewusst weil ich hier nicht den Eindruck hinterlassen will ich hätte auf alles eine Antwort. Aber es kotzt mich vieles hier an. Es schreit so zu sein wie nur

Steine schreien können bevor sie zerplatzen. Überall Gleichgültigkeit und Dekadenz, keine Verantwortung.

Nach der Überleitung folgt der zweite Teil. Der zweite Teil ist meine Suche nach meiner Seele. Es wird dann ein persönliches Buch. Es wird ein Tagebuch, welches ich täglich und auch mit Bildern hier niederschreiben werde. Dies wird dann der Schluss dieses Buches sein.

Stephan Braun

12.10.2016

und sprich nur ein Wort und meine Seele

wird gesund

Dieses Buch behandelt wieder ein Thema, Stephan, was wenig Resonanz bei den Menschen hervorrufen wird. Und es wird wieder Geld kosten. Geld, welches ich besser für andere persönliche Bedürfnisse ausgeben würde. Vielleicht für eine Mittelmeerreise. Die druckreife Produktion eines Buches kostet ca. 2000 Euro. Ich denke, dass ich für dieses Geld nach Hurtigruten in Norwegen schippern könnte. Oder mit der Aida ins Warme. Mit so einem Luxusliner oder in mein Domizil an irgendeiner Küste. Geiranger Fjord, humm. Als Student war ich da, über Hammerfest, das Nordkap, Finnland und die schwedischen Schären zurück. Mit einem alten VW Käfer, das war keiner dieser Luxusliner mit Außenkabine. Italien, Spanien, Frankreich, Jugoslawien, USA, Afrika und Südostasien habe ich bereist.

Jetzt sitze ich also nicht in so einer fiktiven Außenkabine sondern hier mit meinen Laptop und den vielen beschriebenen Zetteln, mit den geänderten Seitenzahlen, den Zwischenbemerkungen und Streichungen, neben und um mich. Ich frage mich auch nicht, dass ich in so einer Außenkabine ja auch dieses Buch hätte schreiben können. Wenn man reist, sollte man sein Herz zu Hause lassen. Deswegen bin ich nicht gereist. Ich könnte mich auch nicht in ein Herner Straßencafe mit einem Früchtedessert setzen und am Laptop arbeiten. So muss also jeder das tun was er für richtig hält.

Ich habe meine allgemeine Orientierung dort und da und da und dort verloren. Aber jeder Mensch braucht seine Orientierung. Obwohl, Stephan, die meisten Menschen brauchen keine wirkliche Orientierung, sie suchen die Gleichgültigkeit, als ihre Sicherheit. Oder ihren Hügel. Das ich meine Orientierung verloren habe dient zu einem für mich so wie für den Leser als Grundlage für dieses Buch. Um gemeinsamen Verstehen ohne sich dabei anzunähern. Das ist die Basis zwischen Autor und dem Leser. Balance. In verschiedenen Ebenen. Ich werde über meine Ebene reden und über die Ebenen da und dort und dort und da. Das hat nichts mit Bewertung zu tun. Jeder muss das tun was er für richtig hält. Deswegen schreibe ich dieses Buch.

Welche Orientierung haben Sie in Ihrem Leben? Braucht man diese Art von Orientierung des gesellschaftlichen Automatismus, gepaart mit der Angst, anders zu sein als der andere?

Alles, was man regelmäßig und berufsmäßig tut, versteinert.

Kurt Tucholsky

Natürlich gibt es gesellschaftliche, oberflächliche Unterschiede, in welche man oder frau hineingeboren werden, mehr oder weniger. Dieses habe ich in meinem Buch *Betroffenheit, die Nahtstelle zwischen meiner Seele und meinem freien Willen* versucht zu beschreiben. Deswegen gehe ich jetzt hier nicht mehr darauf ein. Aber im Grunde genommen leben die die meisten Menschen dieses Hügelleben. Ich werde noch darauf zurückkommen. Dort besteht die Gefahr, eingelullt zu werden, Gleichgültigkeit, gepaart mit der Suche nach finanziellem Wohlbefinden. Das ist doch normal, gesellschaftlich relevant. Das machen doch fast alle. Das war schon immer so. Und wird deswegen auch immer so bleiben. Ein schönes Wort, beschreiben. Ich beschreibe etwas oder ich umschreibe etwas. In meinen Büchern umschreibe ich. Nicht beschreiben. Humm. So zu sagen werden die Tatsachen wie ein Netz eingefangen, umschrieben.

Genau wie das Wort Aufgabe. Sich aufgeben oder sich eine wirkliche Aufgabe suchen. Die Aufgabe oder die Aufgabe?

Es wäre *die* Aufgabe sein bisheriges Leben aufzugeben um *die* wirkliche Aufgabe zu suchen. Sich als Seelenwesen wieder zu entdecken.

Wer nicht mehr sucht, bleibt stumpf.

Warum bin ich eigentlich auf diese Bezeichnung dieses Buches gekommen?

und sprich nur ein Wort und meine Seele

wird gesund

Dafür gibt es zwei Gründe. Erstens umfasst der Titel das gesamte Leben. Zweitens bin ich oft als Katholik in die Messe gegangen. Vor der Einsetzung der Eucharistie wurde dieser Satz vom Rabbi gesagt. Dieser Satz hat mich verschlossen gemacht. Ich hatte nie diesen Einsteiger zu dieser Aussage. Wer betet schon dieses! Ha, sicher, der Rabbi. Warum tut man das? Öffentlich ? In Gemeinschaft ? Mehr dazu später.

Oh je Stephan, wer interessiert sich schon dafür wie viele Menschen glauben, meinen, wissen oder nicht wissen wollen, ob sie eine Seele haben? Oder halt keine Seele haben. Wie viele Menschen wollen doch keine Seele besitzen. *Das kalte Herz Wilhelm, Hauff.* Sie sind also seelenlose Wesen und damit geistlose Wesen. Selbstgewählt. Denn alles in und an Ihnen ist dann reine Biomasse. Die mit dem Tod vermodert. Denn der Geist besteht nicht aus biologischen oder chemischen Prozessen ihres Gehirns. Ich spreche diesen Menschen ihren Anspruch ab zwar einen Geist aber keine Seele zu besitzen. Die Schatulle Gottes.

Philosophie des Geistes, der Kern dieser Philosophie ist das Leib – Seele – Problem. Jeder mag bei Sokrates, Descartes, Kant, Hegel und anderen nachlesen. Sie bemühten sich alle.

Was wissen wir? Körper ja, Bewusstsein ja, Gedanken ja, der freie Wille ja, Betroffenheit vielleicht, aber Seele? Alles ist miteinander verwoben. Aber nicht im Körper. Diese Annahme ist schlicht weg irreführend. Führt also in die Irre. Warum sollte denn der Körper im Mittelpunkt stehen? Genauso gut könnte ich die Gedanken in den Mittelpunkt stellen oder das Bewusstsein. Also ist alles miteinander verwoben, wie eine Gemüsesuppe. Eine Pizza. Ein

Zustand aus verschiedenen Zutaten. Der Grund, dass immer der Körper als zentrale Funktion gewählt wurde liegt in der Natur der Sache. Unser Körper ist halt dominierend in unserer Existenz.im einsteinschen Raum-Zeituniversum Schon bei der Geburt liegt der Fehler. Blutig, winzig, hilflos sieht die Mutter und denkt, das ist mein Kind. Auch die Seele dieses Kindes, auch die Gedanken usw.? Ein Kind ist kein Eigentum eines anderen Menschen. Es würde die Würde des Kindes verletzen. Schneiden sie sich in den Finger und sie fühlen diese Dominanz, oder sie haben Kehlkopfkrebs. Oder sie sterben. Da verlassen sie ihren Körper, das macht die Angst aus, diesen Körper nicht mehr zu besitzen. Und das Bewusstsein, die Gedanken? Was sind Gedanken? Chemische Prozesse oder eine Form von Energie , Geist ?

Am Ende ihres körperlichen Lebens müssen oder sollten sie sich dieser 50/50 Gretchenfrage stellen. Gibt es einen Gott, damit wäre die Philosophie des Geistes erklärt oder gibt es ihn nicht? Wenn es keinen Gott gibt ist mein Körper reine Biomasse.

Dann wären wir alle seelenlosen Wesen. Seelenlose Wesen beanspruchen für sich selbst einen Geist, einen freien Willen, Gedanken und ein Bewusstsein zu besitzen. Das Bewusstsein ist das was das Wort ausdrückt. Ich bin mir meiner Existenz bewusst. Ich, meiner Existenz, bewusst. Komplex. Das ist mein Hund. Subjekt und Objekt. Ich habe ein Bewusstsein. Das Bewusstsein hat ein Ich? Subjekt und Objekt oder beides zusammen? Nur Körper? Wie man sieht, führen diese Gedanken, oh? Gedanken jetzt, ins Bodenlose. Deshalb ist es für mich sehr seltsam von sich zu behaupten ein Geisteswesen und zugleich ein seelenloses Wesen zu sein und nach dem Tod vermodert alles. Auch meine Erinnerungen. Diese Denkweise ist in meinen Augen zu oberflächlich und egoistisch gedacht. Gedanken. Dieses Gedankengut ist m.E. zu besitzergreifend. Da ist die Schatulle Gottes, aus der man sich üppig das herausholt was man halt für sich komplex und passend empfindet. Danach dreht man ihm den Rücken zu. Grausam.

In einem zweiten Buch schrieb ich: wer nicht mehr sucht bleibt stumpf.

Ich kenne alles, nur mich selber nicht.   *Francois Villanc*

Ein seelenloses Wesen scheint sich selber ganz zu kennen. Ein Seelenwesen sucht aber. Wer bin ich? Was bin ich? Warum bin ich? Warum bin ich so? Woher komme ich? Wohin gehe ich? Addiert man zu diesen Fragen und den Antworten die unendliche Größe, schon wieder ein falsches Wort, denn Größe kann nicht als unendlich definiert werden, als die fruchtbare oder furchtbare Auseinandersetzung, als geistiger und übergeordneter Prozess, mit dem Manitu hinzu, dann erlebt man Seele. Dem umfassenden großen Geist, welcher in allem wohnt, auch in den Steinen, Glaube der Indianer. Natürlich haben alle seelenlosen Wesen die menschlichen Eigenschaften wie Liebe, Familie, usw. Aber sie nehmen dies alles –wie das Seelenwesen – aus der Schatulle Gottes. Nur das Seelenwesen betrachtet das als Geschenk. Platon nannte das die Idee. Ich sage, die Idee Gottes.

Jetzt möchte ich kurz auf einen Unterschied zwischen dem Seelenwesen und dem seelenlosen Wesen hinweisen. Dieser Unterschied hat verschiedene Konsequenzen für das jeweilige Wesen.

Wenn ich ein Auto habe sollte ich es warten, pflegen usw. Wenn ich eine Seele habe rate ich dieses dringend auch zu tun mit seiner Seele. Damit meine ich nicht, die Seele baumeln zu lassen. Natürlich auch, aber wenn sie baumelt, woran hängt sie? Das seelenlose Wesen *kann* seine Seele nicht pflegen denn er hat ja keine. Selbstgewählt, oft aus Bequemlichkeit, aus Dekadenz, aus Gleichgültigkeit und aus Egoismus. Diese Pflege hat aber Konsequenzen. Sokrates sprach vom Gewissen als *eine innere Stimme*, welche uns warnt. Vor falschen Entscheidungen. Ein seelenloses Wesen kann eigentlich kein Gewissen haben denn ihm fehlt diese innere Stimme. In einer Biomasse gibt es kein Gewissen. Wieso nennt Sokrates dies als Stimme? Rede ich zu mir selbst oder jemand anderes zu mir? Entweder ist es ein Selbstgespräch oder ein Dialog. Aber nur beim Dialog gibt es jemanden der den Dialog beginnt .Wer beginnt dann beim Zwiegespräch? Das seelenlose Wesen muss zu sich selber reden. Aber aus welchem Impuls heraus? Ist diese Stimme dann objektiv oder subjektiv? Allen scheint dieses Gewissen gemeinsam zu Teil sein. Also als ein Teil von uns? Chemischer Prozess? Und wenn chemischer Prozess warum ist dieses Gewissen dann so universal? So wie die zehn Gebote?

Eine weitere Betrachtung.

Gehe ich davon aus, dass es dieses universelle Wesen gibt, diesen Manitu, allumfassender Geist, dann stellt sich doch die logische Frage: Kann irgendein Baustein meines Seins, wie Körper, Bewusstsein, Geist, Gedanken usw. unabhängig von ihm existieren. Sozusagen außerhalb seines Existenz? Ich will es sprachlich so verwenden, außerhalb seines Seins. Das müsste dann ja außerhalb der Ewigkeit sein, oder? Vergleicht man Gott mit einem Vanillepudding und meine Existenz mit einem Senfkorn, wo befindet sich das Senfkorn? Im Vanillepudding oder außerhalb? Kann ich Gedanken haben, wo beide, also die Gedanken und ich außerhalb seines Seins sind? Sozusagen unabhängig von ihm sind. Die ich entwickle ohne das er sie umfasst. So das er nicht wissend ist welche Gedanken ich habe und ich entwickle. Nicht wissend wohin ich mich entwickle? Diese Idee (Platon), diese Idee ist unendlich. Nenne ich die Idee Platons Seele so wäre die Seele unendlich. Wie ein geometrischer Gerade. Ohne Anfang und ohne Ende. Ohne Alpha und Omega. Wenn diese Seele als unendliches Sein in seinem Sein eingebettet liegt, siehe Senfkorn, dann kennt er mein Raum/Zeitenende. Auch das von Adolph Hitler. Vielleicht ist dieser Übergang Vanillepudding und Senfkorn, also Gott und Mensch so ähnlich wie unser Bewusstsein. Eine körperliche /geistige Symbiose.

Wer und wann *besaß* die erste Seele? Adam war es nicht, um Darwin zu folgen. Auch hier gibt es Übergänge.

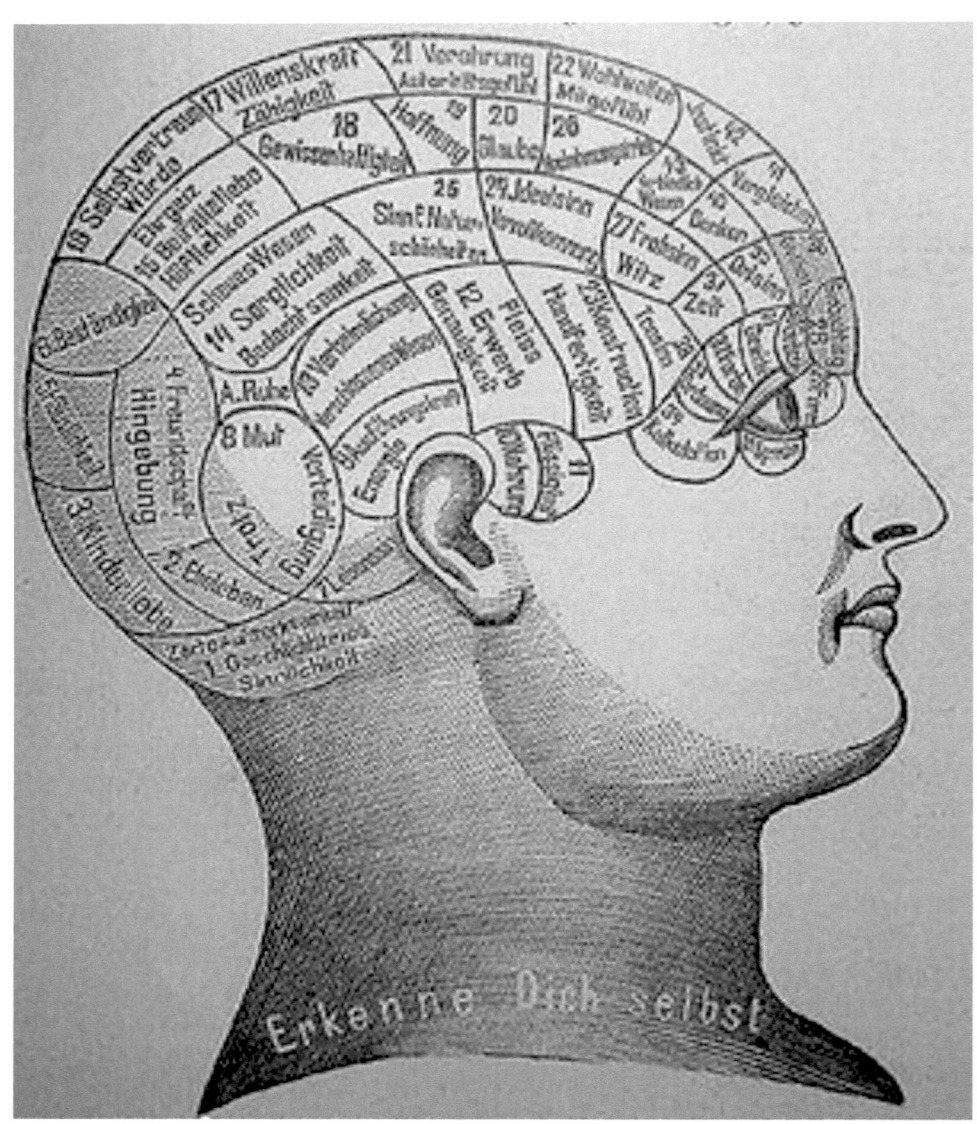

Quelle Wikipedia

Wie kann ich mich selbst erkennen ohne dabei **neben mir zu stehen?** Räumlich und zeitlich. Ohne eine andere Form des Seins ist es mir nicht möglich mir selber zu begegnen. Also Gott suchen um sich selber zu begegnen. Jeder weiß das aber will das jeder? Das ist der Grund warum es so viele *seelenlose* Wesen gibt. Weil sie Gott nicht suchen. Begegnungen haben immer Konsequenzen.

Ich suche diese Stelle oder den biologischen Ort in diesem Gehirn, wo der freie Wille sich *versteckt* hat.

Und wo ist das Gewissen? Die Griechen und die Römer waren da schlauer als wir. In ihren Tempeln standen so allerlei Gottheiten als Statuen. Da war immer noch eine freie Stelle. Für den unbekannten Gott. Man wollte vorbereitet sein. Vielleicht sollte der Zeichner dieses Bildes hier auch ein weißes Feld lassen.

In den modernen Computeraufnahmen, scheibchenweise, kann ich diese beiden menschlichen Fähigkeiten, so will ich sie einfach mal benennen, auch nicht finden.

Und die Betroffenheit?

Quelle Wikipedia

Unser Bewusstsein, also sich seiner Existenz bewusst zu sein, *Im Sein zu sein,* ist nichts anderes als die biologische und chemische Symbiose mit unserem Geist, mit der Seele, seiner Idee. Es ist ganz einfach. Wenn man es akzeptiert.

Sprich nur ein Wort und meine Seele wird gesund

In diesem Satz steckt eine Bedeutung, eine Kardinaltugend. Vertrauen.

Vertrauen ist der Wille sich als verletzbar zu zeigen. Vertrauen hat auch mit Zutrauen zu tun. Sich zu trauen Vertrauen zu haben. Eine Fähigkeit mit der ich bei Gott hadere. Für Thomas von Aquin ist Vertrauen eine durch persönliche Erfahrung gestärkte Beziehung zu den Anderen, insbesondere zu Gott. Diese persönliche Erfahrung fehlt mir in Gänze. Aber wer alle Erfahrungen hat lernt nicht mehr. Ich müsste Gottvertrauen haben und zum Vertrauenssprung ansetzen zu können. Aber diese Kardinaltugend habe ich in meiner frühesten Kindheit nicht gelernt, aber vielleicht deshalb nicht verloren. Ich dachte bisher immer ich hätte diese Tugend verloren. Das stimmt nicht so Ich habe sie nicht gelernt in Erfahrungen. Vielleicht haben Verletzungen zur dieser Verkapselung geführt. Da liegt aber auch die Chance. Zu lernen, das der Vertrauende, also der Vertrauen gebende, jemanden zu vertrauen ohne verletzt zu werden oder Schaden zu nehmen. Sich ausliefern. Kann das die Biomasse oder nur die Seele?

Eine wunderschöne Art des Vertrauensgebers ist ein unschuldiges Baby. Scheiß auf die Erbsünde, jetzt. Warum nimmt eine Mutter so ein Kind emotionsgeladen so vehement an? Weil es so süß und schutzlos ist? Weil es dann 100% Vertrauensgeber ist. Deswegen ist es so. Ich möchte gerne wieder Vertrauen zu meiner Seele finden. Dies bringt mich auf den beruhigenden Gedanken, dass seelenlose Wesen diese Suche nicht erleben können. *Auch wenn sie eine Seele haben sollten,* mögen sie jetzt lächeln, vom logischen Ansatz her fehlt ihnen jedenfalls diese geistige Möglichkeit. Her oder hin , hin oder her. Sie können also kein Vertrauen zu ihrer Seele aufbauen und auch kein Urvertrauen, sich fallen zu lassen in die unendliche Geborgenheit Gottes. Seelenwanderung und Seelenbegegnung mit der Unendlichkeit. Wäre dieses nicht Erleben jetzt ein Verlust oder ein Gewinn für das seelenlose Wesen? Jedenfalls Hin und Her geht nicht, ein no go! Mann oder Frau muss sich entscheiden. Und sich nicht verhalten wie ein bevor stehender Besuch beim Zahnarzt. Ein einfacher Vergleich. Eigentlich will ich heute nicht, hat ja Zeit bis übermorgen. Diese Entscheidung ist die wichtigste Entscheidung im Leben. Deshalb muss sie ehrlich sein. Gleichgültigkeit wäre dann der Rücken desjenigen der sich vorher so üppig an der Schatulle Gottes bediente und sich dann umdrehte.. Diese Gleichgültigkeit ist anzuspucken.

Arme Menschen sind zumeist glücklicher als Wohlstandsmenschen.

Ich kenne diese Frau. Man kann abends nicht in ihre Holzhütte hinein sehen. Aber ihr Lachen ist echt.

Wer ist denn in dieser deutschen seelenlosen Landschaft wirklich glücklich und zufrieden, wenn, ja wenn dieser Konsumwohlstand nicht wäre? Wenn nicht diese politischen und geistlichen Karrieren wären. Wenn nicht usw. Das liegt logischer Weise in der Natur der Dinge. Beschäftigung, Geld usw.

Als Kontrast gibt es die fernöstliche Geschichte wo ein reicher Fürst auszog das Glück zu finden. Er fand es bei einem Mann, der nur ein Hemd besaß. Das ist natürlich gesellschaftlich nicht umsetzbar. Wenn alle das Gleiche tun. Lol. In dieser Gesellschaft tun die meisten aber das Gleiche. Franz von Assisi stand einmal nackt vor seinem Bischof. Aber diese Beispiele setzen erst mal einen persönlichen Gesinnungswechsel voraus. Ob Sie dann nur ein Hemd anhaben ist nicht relevant.

Aber warum sind arme Leute unbeschwerter wenn sie nicht vom Hunger bedroht sind. Warum unbeschwerter? Sorgenfreier trotz schlechter wirtschaftlicher Lage. Warum dann ackern wir dann ein Pferd? Reich sein und dann zufrieden zu sein?

Sprich nur ein einziges Wort und meine Seele wird gesund

Ich habe an einem Meditationskurs teilgenommen. Ein Einführungskurs, einfach. Eigentlich ist Meditation wie ein Gebet. Man geht in sich, begegnet sich, begegnet Gott. Die Kontrolle des Atems. Eine Frage: Was müssen sie in ihrem Leben tun. Ohne Ausweg, ohne Ausnahme. Immer, jeden Tag. Unaufgefordert, weder durch sie oder andere? Sie meinen Sterben? Ja, dann sterben sie jetzt bitte! Sofort! Nein, atmen müssen sie. Auch wenn sie im Koma liegen. Versuchen sie mal sich umzubringen indem sie aufhören zu atmen. Ich meine jetzt nicht ins Wasser springen. Halten sie den Atem so lange an bis sie Tod sind. Mir ist nicht bekannt, dass so sich jemand schon einmal das Leben genommen hat. Wäre auch zu einfach. Gottes Odem. Wie meditieren seelenlose Wesen? Was läuft da ab? Körper, Geist, Bewusstsein, Gedanken und der freie Wille. Wer steuert was? Oder, wie ich es behaupte, laufen bei einem seelenlosen Wesen nur biologische und chemische Prozesse ab. Siehe die Bilder Wikipedia, Gehirn.

Ich hatte eingangs beschrieben, dass der Geist unendlichen Seins ist. Wem diese Aussage hier nicht zusagt der wähle der eine andere Formulierung. Biomasse oder …eine andere Erklärungsart für Gedanken. Man sagt der Mensch habe bis zu 80000 Gedanken am Tag und in der Nacht. Das weiß ich nicht. Jedenfalls sind für mich Gedanken, Geist und Seele überirdischer Natur. Das Bewusstsein ist die Symbiose zwischen Körper und Seele. Eine Meditation, in sich ruhend in diesem Geist, ist wie das Wartezimmer. Zur Ewigkeit. Von daher behaupte ich, dass bei seelenlosen Wesen nur chemische und biologische Prozesse ablaufen, bis hin zu dem Verfallsdatum. Diese Art zu meditieren, ohne sich seiner Seele bewusst zu sein, kann nur oberflächlich geschehen. Sich bewusst werden, dass bei einer Meditation nur diese Prozesse ablaufen. Grausam. Sich klar zu werden, dass man nur Biomasse ist. Der Meditationsleiter fragte mich: Was Ist Glück.

Glück ist, wenn die Seele durchgerüttelt wird. *Artur Schnitzler*

Was ist die Natur der universalen Musik? Biomasse oder Schwingungen Gottes? Der Faust von Goethe. E = M * C zum Quadrat, die Formel zwischen der Endlichkeit und der Ewigkeit. Dies ist alles nur gültig bis zum Verfallsdatum? Schweben in der Musik. Losgelöst vom Irdischen.

Ich quäle mich durch meine drei Bücher wie Ludwig van Beethoven mit seinen 32 Klaviersonaten. Sein Leid hat ihn Gottes Schwingungen empfinden lassen. Sei es drum. Die Seele muss durchgerüttelt werden. Danach kommt Stille und Ruhe. Eigentlich wollte ich noch mein schriftliches Konzept weiter in eine schriftliche Form hier niederschreiben.

Aber es ist genug. Nur, da gibt es noch was. Das schreibe ich morgen. Es betrifft eigentlich die Seelenwesen.

Sprich nur ein Wort und meine Seele wird gesund

Welches Seelenwesen hat denn eine kranke Seele? Wenn ich all diese positiven und lachenden Seelenwesen erlebe. Hügelmenschen mit ihrer Orientierung. Die meisten laufen doch mit stolzer Brust durch diese Welt. Eigenartig. Wenn sie Lungenkrebs haben gibt es zwei Möglichkeiten : sie kennen die Diagnose oder leben fröhlich vor sich hin und die Diagnose kommt noch. Zwangsweise. Hiob.

Sprich nur ein Wort und meine Tochter wird gesund

Tochter, Frau oder Sohn, ein römischer Hauptman, ein Besatzer, eine Besatzungsmacht, welche Jesus eines Tages kreuzigen wird. Zeigt sich als Vertrauensgeber. Ihm, dem Sohn Gottes. Verzweifelt und voller Hoffnung. Welcher Kirchenfürst kann da …

Wahrlich, ich sage euch. Einen größeren Glauben habe ich in ganz Israel nicht gefunden.

Als er das sagte, stand Petrus neben ihm. Der sogenannte Stellvertreter Jesu.

Alles geben die Götter, die unendlichen, ihren Lieblingen ganz, alle Freuden, die unendlichen, alle Schmerzen, die unendlichen, ganz.

J. W. v. Goethe

Natürlich kann jetzt jeder sagen, was soll das hier. Ich bin mit mir selber im Reimen. Ich sehe keinen Grund weiter zu lesen. Das ist richtig. Jede Entscheidung hat seine Wirkung. Schauen sie in den Spiegel. Wer kann schon vor Gott zufrieden leben?

Sehnsucht

Wenn ihr Leben in Ordnung ist werden sie nicht diese Sehnsucht erleben, vielleicht spüren sie ihre Seele deswegen nicht. Demzufolge gibt es drei Arten von Menschenwesen. Zuerst die seelenlosen Wesen, dann der Leser, dessen Seele nicht krank ist und den Autor, dessen Seele krank ist. Ich sprach doch eingangs von zwei Wesen? Das Seelenwesen und das seelenlose Wesen. Sei es so!

Als Jesus zu Petrus, Johannes und auch Judas und den anderen sagte: Wahrlich, ich sage euch, einen größeren Glauben habe ich in ganz Israel nicht gefunden, wie muss der designierte Stellvertreter Christi sich da gefühlt haben? Und die anderen. Man muss ja davon ausgehen, dass Jesus sich der Wirkung seiner Worte wohl bewusst war. Er hat ja zielgerichtet die Jünger geradezu damit konfrontiert. Möge sich heute einer von diesen Seelenmenschen mit einer gesunden Seele hinstellen und einen größeren Glauben haben als Petrus oder Johannes.

Die Erklärung ist einfach. Petrus lebte zu der Zeit nicht im Leid wie dieser römische Hauptmann. Man muss also im Leid leben oder im Leid gelebt haben um diese Sehnsucht zu spüren. Seelenwesen, welche das Leid nicht kennen, werden diese Sehnsucht also nicht spüren können. Mögen sie die Sehnsucht spüren sollten sie in das Leid eintauchen. Wie geht das denn? Stephan? Wie Petrus beim dritten Hahnenschrei oder Judas bei seinem Gang zu seiner eigenen Hinrichtung. Das war nicht freiwillig. Frei vom eigenen Willen? Man kann in sein eigenes Leid hinein tauchen. In dem man dahin geht wo das Leid lebt. So einfach ist das. Ist es das? Es gibt nämlich zwei Arten von Leid, das nicht verschuldete Leid und das selbstverschuldete Leid. Der Hahnenschrei von Petrus, lieber Leser, in welche Kategorie wählen sie den Hahnenschrei? Jesus hatte es ihm prophezeit, also musste es passieren.

Haben sich Petrus und Judas zu dem Zeitpunkt ihrer Verzweiflung gefragt: Wer bin ich? Was bin ich? Warum bin ich? Warum bin ich so? Hierzu eine interessante Interpretation von Goethe.

Wenn man sich nicht selbst vermisst, alles könne man verlieren, wenn bliebe, wie man ist. Goethe

Selbst Petrus, der es – wohl mehr aus Begeisterung – gewagt hatte, über das Wasser zu gehen, besaß, zu dem Zeitpunkt, nicht diesen Glauben. So wie Sie, oder ich. Aber er hat gelernt, dessen bin ich mir sicher. Vielleicht funktioniert deswegen dieser ganze kollektive Wahnsinn. Zwischen, Ineinander dicht verwoben und Untereinander lebenden Menschen. Wie ein Teig. Der Name des Teiges heißt Anonymität. Und die große Masse kriecht auf ihre Hügel. Jesus sprach von einem anderen Teig. Dem Sauerteig. Den haben sie alle nicht gemeinsam, die seelenlosen Menschen und die Seelenmenschen mit ihren gesunden Seelen, denn sie wohnen alle auf ihren Hügeln. Na, nicht alle. Es wohnen auch welche im Tal. Die, die hinunter gekollert sind.

Ich komme aus dem Sauerland, dem Land der tausend Berge. Natürlich sind es Hügel. Der höchste Berg ist – nicht der kahle Asten – der Langenberg in Willingen. Dieser ist zwei Meter höher. Aber er gehört zur Hälfte Hessen. Gut. Sagen wir also der kahle Asten, der Vereinfachung wegen. Also dort sitzt als oberster Vorturner der Papst. Von mir aus können sie jemanden anderen da platzieren. Der amerikanische Präsident und Bill Gates oder, oder. Das Prinzip bleibt jedenfalls gleich. Ab dann geht es bergab. Irgendwo befinden sich danach alle sich wieder auf ihrem Platz, als Prälat, als eine regionale Größe, als ein Parteimitglied oder sie haben das Parteibuch, sind ein VIP, eigentlich egal, irgendwo haben sie sich da eingerichtet. Nur diese Wesen mit verlorenen Seelen, verwundeten Seelen kommen nicht auf diese Erfolgshügel. Wissen Sie was das Schöne an diesen Hügel ist? Wenn sie auf irgendeiner Seite ihres Hügels ihre Stellung bezogen haben bekommen Sie nicht mit was auf der anderen Seite ihres Hügels gerade so passiert. Noch weniger was auf den anderen Hügeln so passiert. Aber dafür haben Sie ja Ihren Vorturner ganz oben. Wasser fließt immer bergab und so gelangen die nötigen Informationen schon zu ihnen hin. Je nachdem wie groß der Wasserverlust auf dieser Informationsreise ist. Ich sagte anfangs, das diese Hügel die gleichen Namen besitzen: Anonymität. Man kann auch Orientierungslosigkeit, Karriere, soziale Sicherheit im Ganzen dazu sagen. Ganz oben wohnen immer dieselben Vorturner und von da an geht s Berg ab. Das Problem besteht halt in der eigenen Unfreiheit. Dessen Brot ich esse, dessen Lied ich sing.

Ein kurzes Innehalten, Stephan. Hätte ich jetzt nicht besser einen tollen Urlaub genießen sollen an Stelle diese langweiligen Zeilen zu schreiben. Die liest doch eh keiner. Was habe ich also davon gehabt? Wenn man in den Urlaub fährt sollte man sein Herz zu Hause lassen, sagt man. Und genau das hätte ich nicht gekonnt. So viel zu dieser Einsicht. Ich werde in ca. 3 Wochen verreisen. Davon handelt der letzte Teil. Und dahin kann ich mein Herz mitnehmen. Puh, gut. So geht es nicht verloren wie bei Peter Munk.

Noch einmal kurz eine andere Einsicht zu den Hügeln. Wie erhalten die ganzen Vorturner ihrerseits ihre Informationen untereinander. Da muss ja diese Hackordnung beibehalten werden Sie schicken ihre Paladine aus. Und die kommen dann zurück, eingeengt durch ihr, dessen Brot ich eß, dessen Lied ich sing. Und berichten aus dieser Sicht der Dinge. Nein, wissen sie welcher Typ von Mensch wirklich in den seltenen Fällen diese Hügel kurz haben verbinden können? *Querdenker*. Sie denken sozusagen quer zwischen diesen Hügeln.

Sprich nur ein einziges Wort und meine Seele wird gesund.

Dieser Satz holt mich jedes Mal wieder runter in die Realität.

Ich kann diesen Satz nicht beten aber ich kann ihn suchen. Beten kann ich nicht weil ich diesen Glauben nicht habe. Denn in diesem Satz gibt es zwei Zeitformen. Sprich bedeutet Zukunft. Damit schließt sich der Kreis zu den gesunden Seelenwesen und den seelenlosen Wesen. Ich kann ihn nur empfinden weil ich weiß in welch scheiß Verfassung ich mich befinde.

Dazu ein kurzes Erlebnis mit einem franziskanischen Arbeiterpriester . Ich besuchte ihn in seinem Arbeiterdomizil unter Roma und Schmuddelkindern. Ich kam rein und er sagte spontan, Stephan, ich kann heute keine Fresse mehr sehen. Ich weiß bis heute nicht ob er mich damit gemeint hatte. Aber ich bin dankbar diese Erfahrung gemacht zu haben. Ich habe ihn dann in seiner kahlen Küche verlassen. Einmal traf ich ihn wieder. Ich hatte ihn wieder besucht, weil ich auch keine Fresse mehr sehen wollte. Wir sprachen über Nachfolge Jesu. Er wusste keine Antwort. Diese Antwort war die beste die er mir geben konnte. Das weiß ich aber jetzt erst. Wir saßen auf irgendeiner Bank, im Park. Ich habe ihn dann verlassen spontan. Alles war dumpf. Manchmal ist es besser so.

Dieses Buch hat – wie meine zwei vorherigen – zwei Teile mit einem Übergang. Der Inhalt des zweiten Teils wird in Manila und Cebu geschrieben als Form eines Tagebuchs, mit Bildern von dort. Es wird eine Suche nach meiner Seele.

Ich habe eine Seele, dessen bin ich mir gewiss. Dort werde ich dieses Buch zu Ende schreiben. Eine Wanderung meiner Seele.

Ich habe mir immer überlegt ob man in der Nachfolge Jesu irgendeiner Organisation angehören muss. Nur wenn ich an die vielen Vorturner dann denke. Als Bauingenieur hatte ich zwei Vorturner. Den Geschäftsführer und den Geschäftsinhaber. Die Position als Bauleiter war schon sehr verantwortungsvoll weil man als Schnittstelle zwischen allen Produktionsstätten fungierte. Als Bauleiter war man – neben dem Geschäftsführer - in allem tangiert, nur mehr im Detail als der Geschäftsführer. Warum schreibe ich dieses hier? Weil dies in einer religiösen Gemeinschaft genauso praktiziert wird. Also ist man an Entscheidungen gebunden, welche diese Vorturner einem halt vorgeben. Leben und Sterben im Dienste der Gemeinschaft.

Also gehe ich dahin als freier Mann. Das hat den großen Vorteil ungebundener zu sein. Aber ein Scheitern, ja ein Scheitern wäre der große Nachteil *dann* nicht von einer großen Organisation aufgefangen zu werden. Alles hat seinen Preis. Ich kannte einen franziskanischen Priester der russisch lernte um dann nach Russland in die Mission gehen wollte. Er ist gescheitert, heute aber glücklich in einer anderen Aufgabe als Seelsorger hier irgendwo in einem alten reaktivierten Kloster. Ja, das gibt es auch. Ein reaktiviertes Kloster. In einer Zeit, wo viele geschlossen werden. Aber dies sind auch nur wirtschaftlich gesteuerte Prozesse.

Das Scheitern. In jedem Scheitern liegt ein Neuanfang. Das liegt an der Atmung, darüber hatte ich ja eingangs nachgedacht.

Also komme ich jetzt zum Abschluss des ersten Teils. Eine Lektorin, Humm, die war sehr dominant, sagte einmal zu mir, was soll das jetzt hier, sie wollen doch das nur um das Buch mit viele Seiten voll zu bekommen.

Kurz noch ein paar Gedanken über Mohammed. Buddha glaubte nicht an die Seele aber an die Wiedergeburt. Der Hinduismus ist so unklar, er hat keine theologische, zentrale Ausrichtung. Der Hinduismus, immerhin die drittgrößte Glaubensgemeinschaft hat keinen Religionsstifter. Konfuzius sprach auch nicht von der Seele. Sprach Mohammed von der Seele? Er hat ca.500 Jahre nach Jesus gelebt. Es scheint so zu sein, dass in Richtung Fernost der Monotheismus immer mehr untergegangen ist.

Mohammed hat einmal, im Traum, Jerusalem besucht. Warum gerade diese Wirkungsstätte Jesu? Ein Moslem besucht die Wirkungsstätte Jesu. Eigenartig. Für die Moslems ist Jesus ein Prophet so wie Mohammed auch ein Prophet ist. Was wäre wenn? Wenn zuerst Mohammed gewirkt hätte und dann Jesus? Hätte Jesus auch im Traum Mekka besucht?

Ich habe dieses Desinteresse begriffen, meine Bücher zu nicht zu lesen. Dafür brauchte ich drei Jahre. Drei Bücher. Das wird mein letztes Buch. Der Sack wird jetzt zu gemacht.

Ich kenne alles, nur mich selber nicht.   *Francois Villane*

Ich wollte dies eigentlich nicht hier darstellen.

Aber da eh keiner diese Bücher liest schreibe ich zu mir selber. Humm. Als Abschied . Gut.

Hier sind zwei Personen nicht gezeigt. Was Gott bindet, dass soll der Mensch nicht trennen. Es gibt also Situationen, wo der freie Wille nur dann frei ist, wenn er sich dem Willen Gottes unterwirft. Aber, Gott, wenn ich vor dir stehe werde ich dir sagen, dass ich sie nie wieder sehen will! Dann lass mich dahin gehen wo dies möglich ist. Keinen Friede, Freude, Eierkuchen! Ich habe meine Würde. Respektier sie! Ich will auch keine Tröstung.

Sprich nur ein Wort und meine Seele wird gesund.

Wie soll das funktionieren?

50 Jahre ein Ringen um diese Atmung. Weiterleben.

Niemand hat das Recht sich selbst zu töten.   *L .v. Beethoven*

Da hast du geirrt, mein lieber Freund Beethoven.

Wer meine Musik hört und sie versteht wird das Leid dieser Welt überwinden. L. v. B.

Auch da hast du geirrt, mein lieber Freund. Deine Seele war üppig voll aus der Schatulle Gottes, wenn, ja wenn du am Klavier gesessen hast. Dazwischen war Dunkelheit und Stille. Einsamkeit. Suff. Bleivergiftung und Koliken. Danach war das Klavier. Verzweifelt, umgewandelt in Kraft und Zärtlichkeit. Einige Selbstmörder haben nicht diese Option. Heiligenstadt. Wie du sie hattest. Was sagte der Denkerfürst über dich?

Energischer, inniger und gefasster habe ich noch keinen Künstler kennen gelernt.

So viel zur Selbsttötung. Das seelenlose Wesen tötet seinen / ihren Körper. Das Seelenwesen tötet seinen / ihren Körper. Aber nicht die Seele. Ich habe auch einmal versucht diesen Weg zu gehen. Aber dann versucht, ab zu brechen. Es war knapp. Gut.

Eine Betrachtung: Wenn jemand so zerrissen ist kann er sich ja bei minus 270 Grad einfrieren lassen. Selbst zu bestimmen wie dieser Phoenix aus der Asche wieder zum Leben erwachen. Alle nur biologischen und chemischen Prozesse. Die Seele einfrieren?

Das geht .Ja. Das tun wir tagtäglich.

Ich habe dann mit dieser unerfüllten Liebe gerungen. Kein bürgerliches Leben war der Preis.

Seit der Zeit bin ich auf der Suche nach mir selbst. Es waren dies 70 ziger Jahre. Hasch, LSD, Hippiebewegung, Kommune 1, Dutschke und Böll, Pershing, Vietnam und lange Haare, Baader Meinhof. Studium und Dritte Welt Kreis. Spiel nicht mit den Schmuddelkindern, Degenhard und die Pille. Während meiner Tätigkeit als Bauleiter habe ich dann einige Zeit freiwillig in einem sozialen Brennpunkt gewohnt. Obdachlosensiedlung Buschkampstrasse in Herne.

Als ich dort einzog hatte ich sofort mein erstes Aha- Erlebnis. Ich tapezierte meine Wohnung, mit alten Tapeten, und brauchte dafür warmes Wasser. Da ich selber bei mir nur einen Kohleofen vorfand und keinen elektrisch betrieben Herd oder Warmwasser, eine Dusche gab es nicht, fragte ich meine Nachbarin, eine ältere allein stehende Frau ob sie mir warm Wasser geben könnte. Natürlich, war ihre freundliche Antwort. Ich musste ungefähr eine dreiviertel Stunde warten bis ich das warme Wasser bekam. Das war der erste Aha Effekt. Es war Sommer und sie hatte ihren Kohleofen beheizt. Die zweite reale Erfahrung war drastischer. In dieser sozialen Enklave lebten zwei Franziskaner Priester und ein Frater. Abends feierten wir gemeinsam die katholische Messe, in der Küche. Es begab sich, in diesem Winter damals, dass die Temperaturen tagsüber schon minus zehn Grad betrugen. Nachts gingen sie auf minus zwanzig Grad herunter. Damals musste ich meinem Diesel Pkw immer zwei oder drei Liter Benzin hinzufügen. Jedenfalls waren wir in der Messe und plötzlich sah man draußen nur noch Blaulicht. Ein älterer alkoholisierter Mann wurde zwangseingewiesen, Friedhelm. In die oben stehende Wohnung, welche leer stand, für 5 Personen. Wir halfen und kehrten zurück zur Messe. Danach, spontan, sind wir hochgegangen und haben dem Mann ein warmes Zimmer besorgt. Diese Wohnungen haben keine Doppelverglasungen, wegen der Kohle Befeuerung. Er wäre sonst süß eingeschlafen und nie wieder aufgewacht. Ein schöner Tod. An seinem Sterbebett habe ich ihn anders erlebt. Bewusster.

Bilder Opa Wichmann, Familie Lucka mit Franz, Ausflug Kanal, Holz vom Hafen holen, meine Wohnung, Wochenfreizeiten in Bardel und Attendorn. Dort, im Buschkamp die falsche Frau kennen gelernt, versucht, 7 Kinder groß zu ziehen. Es war eine Patchwork Familie. Aber *sie* hat mir immer gefehlt. Wie dem Fisch das Wasser. **Die Leiden des jungen Werther.** Wie ein schwarzes Loch. In mir. Stephan! Atme! Steh auf! Ich liebe dich, dein Gott. Liebe mich doch auch! Da gefällt mir dieser Nazarener besser. Mein Gott, mein Gott, warum hast du mich verlassen? Warum willst du meine Seele heilen, Jesus, wenn dein Vater mir dieses Joch umgelegt hat?

Ich habe Gott gehasst. Nicht weil er böse ist, gemein oder andere negative Eigenschaften hat. Ich habe mich gehasst. Und damit ihn. Er hat es ertragen. Wie diese Metapher. Ich gehe am Strand und vier Fußabdrücke sind zu sehen. Meine und die von Jesus. Plötzlich sind nur zwei zu sehen. Und Jesus sagt zu mir, ich trage dich einen Teil des Weges, bist du wieder selber laufen kannst. Aber ich will das nicht. Ich habe ihn nie darum gebeten!

Sprich nur ein Wort und meine Seele wird gesund

Aber ich habe ihn immer gesucht. In Assisi. Als ich dorthin pilgerte hatte mir meine Ex vorher mitgeteilt, dass sie schwanger sei. Meine kurze Antwort war nur kurz und knapp. Es wird nicht abgetrieben. Sie lächelte.

Impressionen

Einen Auszug, willkürlich. Nur Impressionen. Von damals. Suche. Unruhe. Unruh. Wer kennt nicht diesen Begriff bei der Uhr. Sie ist was in der Uhr? Die Unruh treibt die Uhr an. Nur das e weglassen oder hinzufügen. Unruhe. Gut. Nach Job Verlust und selbst entschiedener Scheidung bin ich in dieses schwarze Loch gefallen. Was alles mit sich reißt. Was alles verschlingt. Sogar das Licht unterliegt dieser Gravitationswucht. Saugt Gott hier das Universum ab? Jedenfalls brauchte ich drei Jahre mich zu festigen. Struktur im Alltag. Jetzt bin ich in Rente und habe ein knappes Jahr eine kleine Schule für kurdische, afghanische, syrische und irakische Kinder als Lehrer betrieben. Deutsch und Mathematik. Diese Energie von 25 Kindern! Das muss man erlebt haben. Wie intensiv der Hunger nach Leben sein kann. Bei Kindern sieht man hungrige Seelen. Keine Biomasse. Wie anscheinend bei so vielen gestrauchelten Erwachsenen. Aber in diesen Kinderseelen ist das Ungesunde schon eingepflanzt. *Das Blut komme über euch und eure Kinder. Jesus* .Scheiß jetzt auf die Quellenangabe. NT Lutherbibel. Na ja. Ich bin es leid. Man kann ja nach lesen.

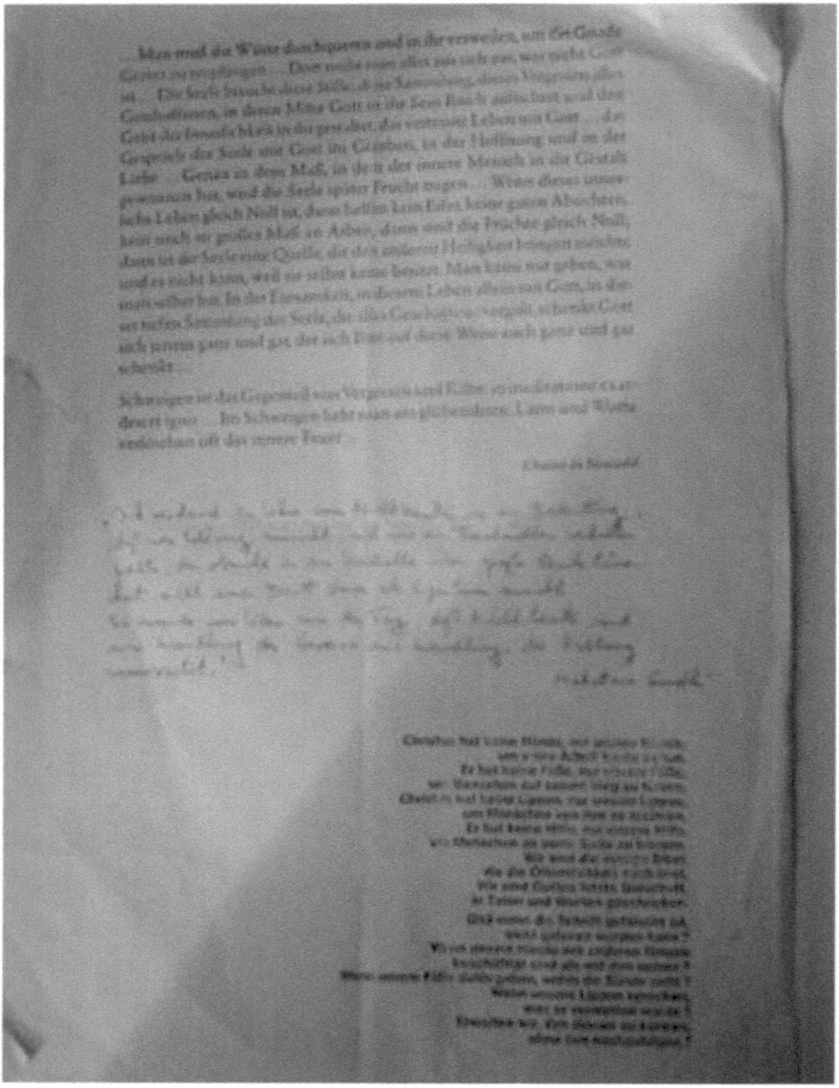

... Man muß die Wüste durchqueren und in ihr verweilen, um die Gnade Gottes zu empfangen ... Dort nicht man alles, was nicht Gott ist ... Die Seele braucht diese Stille, als ihr Sammlung, dieses Vergessen aller Geschäftigkeit, in deren Mitte Gott ist, die Seele Buch gebildet hat und ihre Gott die Botschaft bleibt in ihr gesichert, das vertraute Leben mit Gott ... der Gespräch der Seele mit Gott im Glauben, in der Hoffnung und in der Liebe ... Genau in dem Maß, in dem der innere Mensch in die Gestalt gewonnen hat, wird die Seele später Frucht tragen ... Wenn dieses innerliche Leben gleich Null ist, dann helfen kein Eifer, keine guten Absichten, kein auch so großes Maß an Arbeit, denn sind die Früchte gleich Null, dann ist die Seele eine Quelle, die den anderen Heiligkeit bringen möchte und es nicht kann, weil sie selbst keine besitzt. Man kann nur geben, was man selber hat. In der Einsamkeit, in diesem Leben allein mit Gott, in dieser tiefen Sammlung der Seele, die alles Geschäftigen vergißt, schenkt Gott sich unserer ganz und gar, der sich ihm auf diese Weise auch ganz und gar schenkt ...

Schweigen ist das Gegenteil von Vergessen und Kälte: in ihm durchzieht es eine dauert igno ... Im Schweigen sieht man ein glühendstes, Lauts und Worte entdecken oft das innere Feuer ...

Elisabeth de Seauviaid

[handwritten text, illegible]

Christus hat keine Hände, nur unsere Hände,
um seine Arbeit heute zu tun.
Er hat keine Füße, nur unsere Füße,
um Menschen auf seinen Weg zu führen.
Christus hat keine Lippen, nur unsere Lippen,
um Menschen von ihm zu erzählen.
Er hat keine Hilfe, nur unsere Hilfe,
um Menschen zu seiner Seite zu bringen.
Wir sind die einzige Bibel,
die die Öffentlichkeit noch liest,
Wir sind Gottes letzte Botschaft,
in Taten und Worten geschrieben.

Und wenn die Schrift gefälscht ist,
wohl gefälscht werden kann?
Was sieht die Menschen der größeren Wunder,
beschäftigt sind als mit den seinen?
Wenn unsere Füße dahin gehen, wohin die Sünde ruft?
Wenn unsere Lippen sprechen,
was so versuchen würde?
Erweckt es, ihn Dienste zu können,
ohne ihm nachzufolgen?

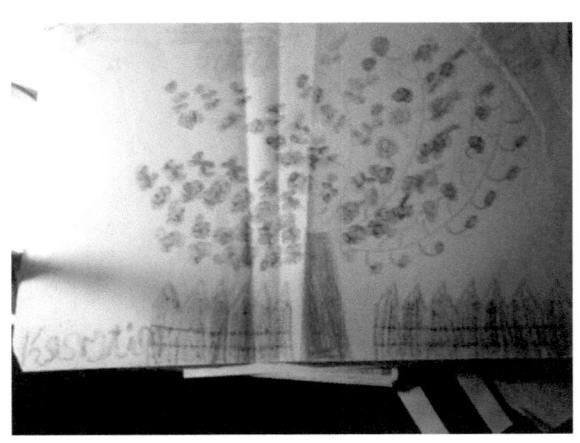

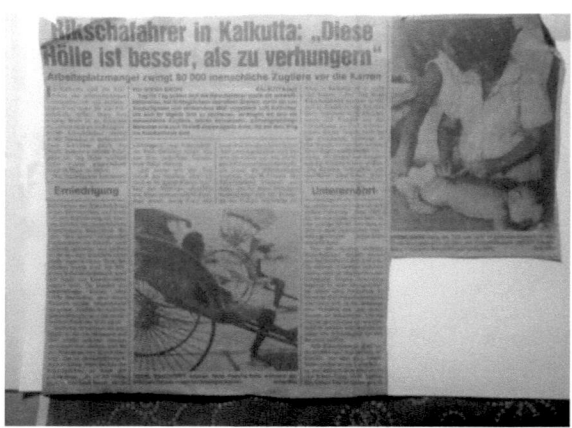

Von der Gewähr des Findens

Als ich durch die Wüste mit dem Tode um die Wette ging, habe ich wieder einmal eine Wahrheit gestreift, die so schwer zu verstehen ist. Ich habe mich verloren geglaubt, war in den Abgrund der Verzweiflung gestürzt, doch nachdem ich zum Verzicht bereit war, fand ich den Frieden. Es scheint, daß man in solchen Stunden sich selber entdeckt und sein eigener Freund wird. Nichts kommt diesem Gefühl der Erfüllung gleich, das in uns ein Bedürfnis nach dem Wesentlichen befriedigt, das wir vorher nicht kannten.

Als ich im Sand bis zum Hals begraben lag, vom Durst langsam erstickt, wie könnte ich vergessen, wie warm es mir da unter meiner Sternenpelerine zum Herzen strömte?"

Wind, Sand und Sterne

Antoine de Saint-Exupéry

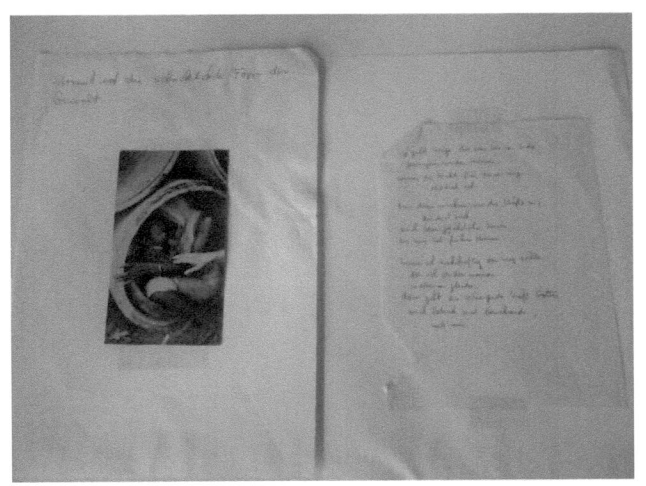

Stadt Herne

Der Oberstadtdirektor

Herrn
Stephan Braun
Buschkampstr. 26

4690 Herne 2

Amt für öffentliche
Ordnung und Umweltschutz
Markgrafenstr. 10

3oF   2295

Herr Tallasch

11.7.1988   3off-Tal-Sch   25. August 1988

**Einrichtung einer Gartenfläche auf dem jetzigen Parkplatz
gegenüber den Obdachlosenunterkünften Buschkampstr. 14/37
entlang der Bundesbahnstrecke Wanne-Eickel Hauptbahnhof
- Bochum-Nord**

Sehr geehrter Herr Braun!

In Beantwortung Ihres o.a. Schreibens teile ich Ihnen folgendes
mit:

Das vorbezeichnete Gelände ist Ende der sechziger Jahre mit einem
erheblichen Kostenaufwand als Parkfläche eingerichtet worden.
Der Untergrund, welcher bis zu einer Tiefe von 3o cm mit Asche
ausgelegt wurde, um Frostschäden nach Möglichkeit zu vermeiden,
eignet sich nicht für die Umgestaltung in Grabeland. Ihrem Vorschlag, auf dem vorbezeichneten Gelände Gärten anzulegen, vermag
ich mich deshalb nicht anzuschließen.

Bezüglich der fehlenden Teile an den Spielgeräten auf dem Kinder-
spielplatz zwischen den Häusern Buschkampstr. 22 und Buschkampstr.
24 habe ich das Grünflächenamt der Stadt Herne gebeten, die Spiel-
geräte wieder so herzurichten, daß sie entsprechend genutzt werden
können. Zu bemerken ist hierzu noch, daß die Schaukeln wegen akuter

Der Oberstadtdirektor  **Stadt Herne**

Herrn
Stephan Braun
Buschkampstr. 26
4690 Herne 2

	Amt für öffentliche Ordnung und Umweltschutz
	Markgrafenstraße 10
Zimmer	Telefon Herne Durchwahl
	022/1 - 16
Auskunft erteilt	
	Herr Tallach

Mein Zeichen: 32/2 - Ta./Ko.
Tag: 19 JAN 1988

Sicherstellung der Wasserversorgung in den Obdachlosenunterkünften Buschkampstraße 14 - 32

Sehr geehrte/r Herr/Frau Braun!

In den Wintermonaten 1986/87 hat es bei der Wasserversorgung innerhalb der Obdachlosenunterkünfte Buschkampstraße 14 - 32 wegen teilweise zugefrorener Wasserleitungen erhebliche Schwierigkeiten gegeben. Letzteres war insbesondere darauf zurückzuführen, daß einige Unterkünfte nicht belegt waren und somit auch nicht beheizt wurden.

Da die o. g. Unterkünfte nach wie vor nur zu ca. 2/3 belegt sind, habe ich zur Sicherstellung der Wasserversorgung und Vermeidung von Wasserschäden folgendes angeordnet:

a) Bei zu erwartenden Nachttemperaturen unter - 5 Grad wird die Wasserzufuhr für alle Unterkünfte von **20.00 Uhr** bis **07.00 Uhr** des darauffolgenden Tages gesperrt.

b) Bei Dauerfrost unter - 5 Grad bleibt die Wasserzufuhr auch tagsüber grundsätzlich gesperrt. Zur notwendigen Wasserentnahme werden die Leitungen lediglich von 08.00 bis 08.30 Uhr, 13.00 bis 13.30 Uhr und 19.30 bis 20.00 Uhr geöffnet.

Ich bitte Sie höflichst um Verständnis für die sicherlich nicht unbedingt populären Maßnahmen, die letztlich aber in Ihrem eigenen Interesse notwendig sind.

...

Der Oberstadtdirektor

Herrn
Stephan Braun
Buschkampstraße 26

4690 Herne 2

Grünflächenamt
Auf dem Stennert 9
208   42 20
Herr Raabe

67/3   17. Februar 1989

Brennholz für die Bewohner im Buschkamp

Sehr geehrter Herr Braun,

Ihr Schreiben vom 23.01.1989 habe ich mit großem Interesse gelesen.
Grundsätzlich will ich gern behilflich sein, bitte Sie aber auch,
die dabei entstehenden Hindernisse zu beachten.

Zunächst darf ich darauf hinweisen, daß die Hauptmenge des bei dem
Durchforstungen anfallenden Holzes an Holzhändler verkauft wird.
Ein Teil wird auch an Bürger als Kaminholz veräußert.

Das unverkäufliche Holz wird gehäckselt und somit als organische
Masse dem Wald zurückgeführt, oder es bleibt als Unterschlupf für die
Tiere am Boden liegen. Hier hat es auch die Funktion des "Blitzab-
leiters" für Schädlinge, die vorwiegend krankes und abgestorbenes
Holz befallen. Ist dieses nicht vorhanden, werden die gesunden Bäume
besiedelt und erkranken. Ferner werden der Waldboden und der Neu-
aufwuchs geschützt.

Das in den Wäldern "vergammelnde Holz" hat also auch eine wichtige
ökologische Funktion. Die völlige Entfernung des Schnittholzes aus
dem Wald wirkt sich somit waldschädlich aus. Aus diesem Grunde wurde
auch 1985 die Ausstellung von Holzsammelscheinen, also die Erlaubnis,
Holz im Wald zu sammeln, eingestellt.

Ein weiteres Problem ist in der Luftverschmutzung durch das Verbrennen
von Holz zu sehen. Wie Sie sicher wissen, hat der Gesetzgeber vorgesehen,
nur noch zwei Jahre gelagertes Holz für Heizzwecke zuzulassen. Dies
bedeutet eine sehr große Lagerkapazität und eine entsprechende Disziplin
bei der Verarbeitung.

Um Ihrem Wunsche nachzukommen, will ich aber gern prüfen, ob bereits trockenes
Holz, z. B. von abgestorbenen Bäumen, an von Ihnen zu benennenden Stellen

...

Stadt Herne

Der Oberstadtdirektor

Herrn
Stephan Braun
Buschkampstr. 26

4690 Herne 2

Amt für öffentliche Ordnung
Markgrafenstr. 1a

3o6   2295

Herr Tallach

32/2-Tal-Bch   28. Febr. 1989

Ihr Antrag vom 7.11.1988, betreffend den Einbau einer Duschkabine
in Ihre Unterkunft, Buschkampstr. 26, Herne 2
- Ortsbesichtigung am 29.11.1988

Sehr geehrter Herr Braun!

Die abschließende Stellungnahme des Hochbauamtes der Stadt Herne
in Ihrer o.a. Angelegenheit liegt mir jetzt vor. Danach vermag
ich Ihrem Antrag vom 7.11.1988 aus den nachstehend aufgeführten
Gründen leider nicht zu entsprechen:

> Der vorhandene Raum mit den Maßen 1,2o x 1,oo m für
> das Aufstellen einer Duschkabine in der von Ihnen
> gewünschten Form ist nicht ausreichend. Beim Dusch-
> vorgang könnte Sauerstoffmangel auftreten, da die
> Be- und Entlüftung nicht gegeben ist. Darüber hinaus
> können die Wände die anfallende Feuchtigkeit nicht
> aufnehmen, so daß kurzfristig mit erheblichen Durch-
> feuchtungsschäden zu rechnen wäre, zumal der Raum
> auch nicht beheizt werden kann.

Ich bedauere sehr, Ihnen einen günstigeren Bescheid nicht erteilen
zu können und reiche

Hochachtungsvoll
Im Auftrag

(Schuchna)

Geliebte, wenn unser Herz uns nicht anklagt, dann haben wir freudige Zuversicht zu Gott und erhalten von ihm, um was wir bitten, weil wir seine Gebote halten und tun, was vor ihm wohlgefällig ist. Und das ist sein Gebot, daß wir an den Namen seines Sohnes Jesus Christus glauben und einander lieben, wie er's uns geboten hat. Und wer seine Gebote hält, der bleibt in Gott und Gott in ihm. Und daran erkennen wir, daß er in uns bleibt: an dem Geist, den er uns gegeben hat. (1. Joh Brief 3, 21-24)

Aber es kommt die Stunde, und sie ist jetzt da, wo die wahren Anbeter den Vater im Geist und in der Wahrheit anbeten werden. Denn der Vater sucht solche Anbeter. Gott ist Geist, und die ihn anbeten, müssen ihn im Geist und in der Wahrheit anbeten. (Joh. 4, 23-24)

Wenn ihr blind wäret, so hättet ihr keine Sünde. Nun aber sagt ihr: „Wir sehen"; eure Sünde bleibt. (Joh. 10, 41)

Wenn ihr mich liebt, werdet ihr meine Gebote halten, und ich werde den Vater bitten, und er wird euch einen anderen Helfer geben, damit er in Ewigkeit bei euch bleibe, den Geist der Wahrheit, den die Welt nicht empfangen kann, weil sie ihn nicht sieht und nicht kennt. (Joh 14, 15-17)

Aber jetzt, Stephan, ist Schluss mit diesem Gejammere im ersten Teil meines dritten Buches. Jetzt beginne ich die mir eigene Betroffenheit vom meinem Leben auszutragen, auszuhalten. Ich habe begriffen, dass es dabei auf das Scheitern ankommt. Jesus ist am Kreuz gescheitert. Nein, nicht aus theologischer Sicht. Aber vor der Auferstehung kam das Scheitern *Mein Gott, mein Gott, warum hast du mich verlassen?* Das Scheitern. Ist die Botschaft. Das Scheitern ist die Botschaft des Kreuzes. Das menschliche Scheitern ist Botschaft des Kreuzes. Danach wird die Seele gesund.

Betroffenheit, die Nahtstelle zwischen meiner Seele und dem freien Willen.

In deine Hände befehle ich meinen Geist

Übergang

Warum Übergänge? Weil unser ganzes Leben nur aus wechselhaften Übergängen besteht. Das kennen wir doch alle. Als diesen Übergang habe ich etwas sehr Konträres gewählt. Afrikanische Lebensweisheiten in Form von Sprichwörtern. Sicher, alle Sprichwörter sind interpretierbar. Volksmund tut Lügen kund. Deswegen betrachte ich hier diese afrikanischen, gewachsenen, kulturell so verschieden von unserer Kultur Lebensweisheiten als meinen Übergang. Immerhin ist Afrika die Wiege der Menschheit. Kein Kontinent ist von **allen** europäischen Kolonialmächten so ausgebeutet worden wie Afrika. Die Briten in Indien, 10 bis 30 Millionen verhungerte Menschen. Der Sklavenhandel nach Südamerika und Nordafrika. Die Holländer wüteten in Südostasien. Cortez und Pizarro in Südamerika. Die Amerikaner bei wounded knee und in den Reservaten, Sklavenhandel.. Aber in Afrika waren sie alle an der Verteilung des Erdbeerkuchen beteiligt. Auch die USA. Auch die Belgier. Die Deutschen. Die Franzosen. Die Briten. Die Italiener. Die Spanier und Portugiesen. Damit meine ich die jeweiligen Bevölkerungen, welche Profit machten oder profitierten. Bis heute.

Mir gefiel diese Einfachheit der afrikanischen Sprache. Es gab dort nie einen Religionsgründer. So habe ich diese einfache Sprache zu meinem Übergang gewählt. Sie musste so fremd sein wie mein zweiter Teil. Es gibt weder intellektuelle, wissenschaftliche und kulturell bedeutende Beiträge, gemessen an den anderen Kontinenten, aus Afrika. Deswegen dieser Übergang.

Wer sich alle seine Wünsche erfüllt, der verliert seine Ehre. (Wolof)

Der tägliche Weg kennt keine Wegweiser. (Ewe)

Wer vor dem Loch flieht, fällt in den Brunnen. (Nyang)

Wenn du gelobt wirst bekommst du einen Buckel. (Douela)

Nur eine gemächliche Reise ist eine Reise. (Nyang)

Seinen Hintern kann man nicht zugleich auf einen Pferd und einem Esel setzen. (Senegal)

Die Lüge bereitet einen größeren Schmerz als der Speer. (Nigeria)

Wenn zwei sich streiten können beide Recht haben. (Ewe)

Eine dumme Frau kann mehr schaden als eine kluge Frau. (Kongo)

Alle Wege führen nach Hause. (Zulu)

Des Herren Kopf ist die Weisheit der Sklaven. (Tohura)

Wer sich alle seine Wünsche erfüllt, der verliert seine Ehre. (Wolof)

Was man ständig berührt wird schmutzig. (Handonga)

Benimm dich nicht wie ein weißer Mann. (Minah)

Übe die Linke solange die Rechte noch da ist. (Handonga)

Das Herz muss wie eine Ziege angebunden werden. (Basuto)

Schwatzen und Lügen sind wie Bruder und Schwester. (Kenia)

Ein Lügenmaul kann man nicht von einem ehrlichen Mund unterscheiden. (Nyang)

Wasser kommt nicht ohne Grund in Bewegung. (Bangala)

Hast du keine Frau brauchst du wenige Worte. (Bahaya)

Wer keine Feinde hat, der braucht keinen Zaun. (Urundi)

Alles kann man säubern nur keinen dreckigen Mund. (Oji)

Wer den Lohn nimmt, den rechnet Gott auch die Tat an. (Ägypten)

Wer Unglück kennt versteht vieles. (Kitega)

Eine sanfte Sprache bricht den Teufeln die Knochen. (Abessinien)

Schläge lehren tanzen. (Marokko)

Vergossenes Wasser kehrt nicht wieder in die Flasche zurück. (Kenia)

Die Schlange kennt keine Schuhe. (Ewe)

Wer gibt, der schreibe in den Sand. Wer nimmt, schreibe es in den Stein. (Ägypten)

Einer Frau zu gehorchen, heißt, den Weg zur Hölle zu betreten. (Tunesien)

Wer eilig ist bekommt die Antilope nicht zu sehen. (Bantu)

Den Narren dürstet es mitten im Fluss. (Galla)

Der Staub bezwingt den Besen, die Frau den Mann. (Herero)

Der Arme wohnt mit dem Tod in seiner Hütte. (Kitega)

Wer nichts besitzt, den meiden die Frauen. (Malgacher)

Besitz ist wie Tau in der Morgensonne. (Sihalanga)

Wer noch nicht reif ist fällt nicht zu Boden. (Nyang)

Hast du eine Botschaft für Gott, so sage sie dem Wind. (Urundi)

Wer fragt, geht nicht in die Irre. Aber er verrät sein Geheimnis. (Haura)

Die Ziege mag den stinkenden Bock. (Peul)

Armut ist teuer. (Kitega)

Wer dient, kennt keine andere Beschäftigung. (Urundi)

Wer ja sagt, macht die Sache kurz. (Ewe)

Die Lüge schmeckt zuerst wie Honig, später wie Myrrhe. (Somali)

Die Zukunft gehört niemanden. (Kitega)

Borgen ist die Erstgeburt der Armut. (Ivili)

Die Welt gleicht einer Tänzerin. Für eine Weile tanzt sie mit jedem. (Ägypten)

Wer große Taten tut, geht an den kleinen zu Grunde. (Abessinien)

Einleitung Tagebuch

Smokey Mountain in Manila, Philippinen. You tube gesehen am 11.10.2016

Mein Computer ist für eine Woche zur Reparatur. Also hatte ich genügend Zeit diese bisherigen Zeilen in einer relativ kurzen Zeit zu schreiben, als schriftliches Konzept.

Mein erstes Buch ist zu schwer als das es gelesen werden kann, das zweite Buch ist zu unbequem für den Leser, also habe ich beschlossen, dieses Buch für mich selber zu schreiben. Dadurch konnte ich diese Zeilen bisher sehr leicht niederzuschreiben. In drei Wochen fliege ich nach Manila und Cebu. Dorthin und wieder zurück werde ich den zweiten Teil dieses Buches zu Ende geschrieben haben, als ein Tagebuch. Vielleicht als Anfang für mich und als Ende für den Leser. Der weiße Mann mit dem Fly –Ticket back to Europe.

Wie begegne ich diesen Menschen dort, man schaue vorher Hungry & Homeless Kids Philippinen auf You tube an. Bevor Sie jetzt weiter lesen!

Was wird mit diesen Menschen passieren wenn wir uns begegnen und was wird mir passieren wenn ich ihnen begegne? Wie geht man als Ingenieur in dieses Umfeld? Wie wird der erste Tag dort sein? Im palliativen Hospizteam wurde uns Ehrenamtlern geraten einen Rucksack mitzunehmen, wenn wir einen Sterbenden besuchen. Ich hab da nur die Frage gestellt: Wozu brauche ich einen Rucksack? Wenn ich zu einem Sterbenden gehe brauche ich nichts mitbringen was er noch braucht. Er braucht nur mich. Da sein. Als Beethoven starb brachte man ihm eine leichte Suppe. Schade", sollen seine letzten Worte gewesen sein. Also besser keine Suppe. Vielleicht braucht man einen Rucksack wenn man vom Sterbenden nach Hause geht.

Dort wird mein Rucksack voll sein. Für Kinder ausgewählte kleine eiweißreiche Snacks, Erdnüsse, Instantnudelsuppen. Kinder sind dann so leicht zu gewinnen. Vielleicht Uno spielen, humm. Mensch ärgere dich nicht. In den Slums.

Die Welt ist so verrückt, dass man verrückt sein muss um nicht verrückt zu sein. (Voltaire oder wer hat das gesagt?)!

Mit den Müttern mache ich es anders. Kurze freundliche aber distanzierte Begegnungen. Trockenmilch, Instantsuppen, Fruchtsaftpulver, kleinere Fischdosen. Vielleicht ein kurzes Gespräch. Distanz. Von beiden Seiten. Wie bei den geführten Touren für Rucksacktouristen auf You tube gezeigt wurde, fiel mir auf, die Leichtigkeit dieser Touristen. In meinem ersten Buch handelte der zweite Teil vom NT, das Matthäusevangelium. Eine Meditation. Auch über die Armut in der Begegnung. Demut ist wie eine Brücke. Das Wort Demut bedeutet Mut zum Dienen.

Dann Wiederkommen und Wiedergehen. Ein Lächeln , ein Frösteln. Aber es sind Seelen, die sich begegnen. Und keine chemische oder biologische Abläufe im Gehirn dieser Wesen. Die eine Seele ist arm im Geiste und die andere konnte sich nicht üppig an der Schatulle, Gottes Tafel, bedienen. Jedenfalls nicht materiell. Es wird also eine intensive, spannende und auch konträre Auseinandersetzung zweier Seelenwesen. Auseinandersetzung muss kein Streit sein, sie kann auch Austausch bedeuten. Fruchtbarer Austausch. Oder furchtbarer Austausch. Was ein Buchstabe den Unterschied ausmacht. Denn beide Seelen haben verschiedene Sensibilitäten. Verschiedene Empathie. Diese Mutter, welche ihr Kind nicht annähernd ausreichend medizinische versorgen kann, vielleicht keine Schulbildung oder eiweißreiche Nahrung geben kann, wird mir mit Scheu, Scham und Scheu begegnen. Mit Ängsten, Mut, Hilflosigkeit, mir gegenüber und ihrer Situation. Mit Scham? Scham ist ein Gefühl für Verlegenheit. Verletze ich am Anfang ihre Intimsphäre? Gewiss. Verlegenheit bedeutet für sie, dass am Anfang ihr die Handlungskompetenz fehlt. Ihr Vertrauen zu gewinnen geht nur über die Demut.

Ich werde ihr ebenso mit Scheu begegnen, mit Mut, mit Hilflosigkeit, aber nicht mit Scham oder Verlegenheit. Ich habe meine Handlungskompetenz. Scheu habe ich aber keine Scham. So bestehen eigentlich nur zwei wesentliche Unterschiede in ihrer und meiner Art. Zum einem der Materielle und zum anderen in ihrem Scham und meiner Scheu.

Es wird ein interessantes Tagebuch.

Lasst die Toten ihre Toten begraben.   *Jesus von Nazareth*

Bild Welthungerhilfe

Lebensmittel , welche in Deutschland in der Verbrennung landen.

Eine Alternative ist sie zu essen. Lol.

Bis zu 20 % der Lebensmittel werden in den sogenannten Flüchtlingscamps weg geworfen.

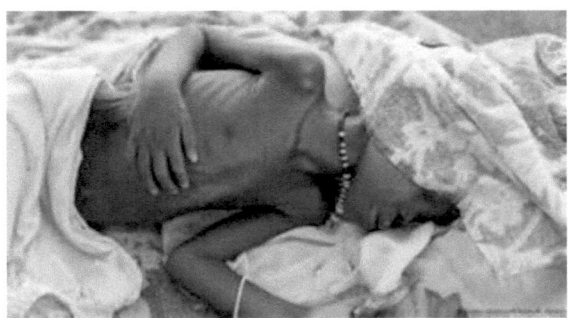

Ich war vor ca. 35 Jahren in der Sahelzone und habe dort folgendes erlebt. Inzwischen habe ich mit diesen Bildern gelernt zu leben. Ich muss ja weiterleben. Entscheidend dabei ist, dass ich bei der Wahrheit bleiben muss. Deswegen habe ich diese alten Bilder –sozusagen- aufpoliert. Diese Bilder zeigen Seelenwesen. Davon handelt ja dieses Buch. So wie mein erstes Buch. Damit schließt sich der Kreis.

Die Bilder, welche jetzt folgen werden, polarisieren. Genau das ist meine Absicht. Sie sind die Realität. Die Realität polarisiert. Nicht ich. Geboren aus Google und anderem Internet. Internationales Netz. Eigenartig das das Internet aus der Kriegsmaschinerie entstanden ist. *Der Krieg ist der Vater aller Dinge.* Wenn das stimmt, dann wäre die Welt nur männlich.

Gut. Es folgen **reale** Bilder.

Lebensmittelverbrennung

Cebu

Mein Mittagessen , umsonst für 6 stunden Arbeit an der Herner Tafel. Humm.

Jesus als Flüchtlingskind.

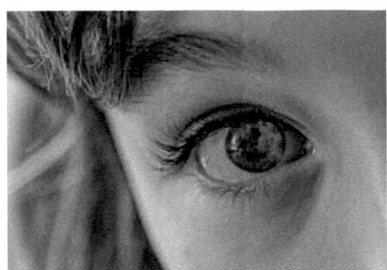

Das sind seine Augen.

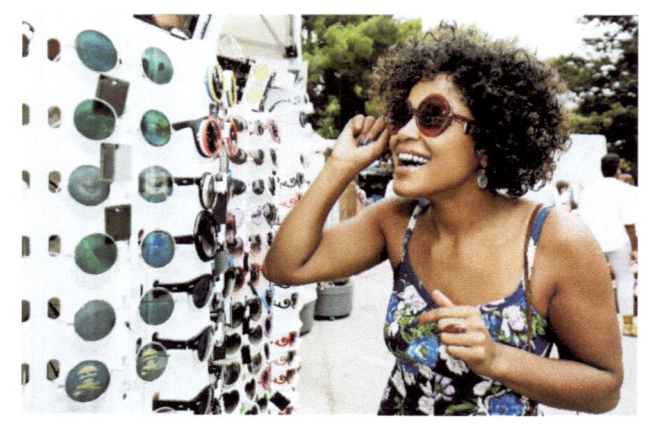

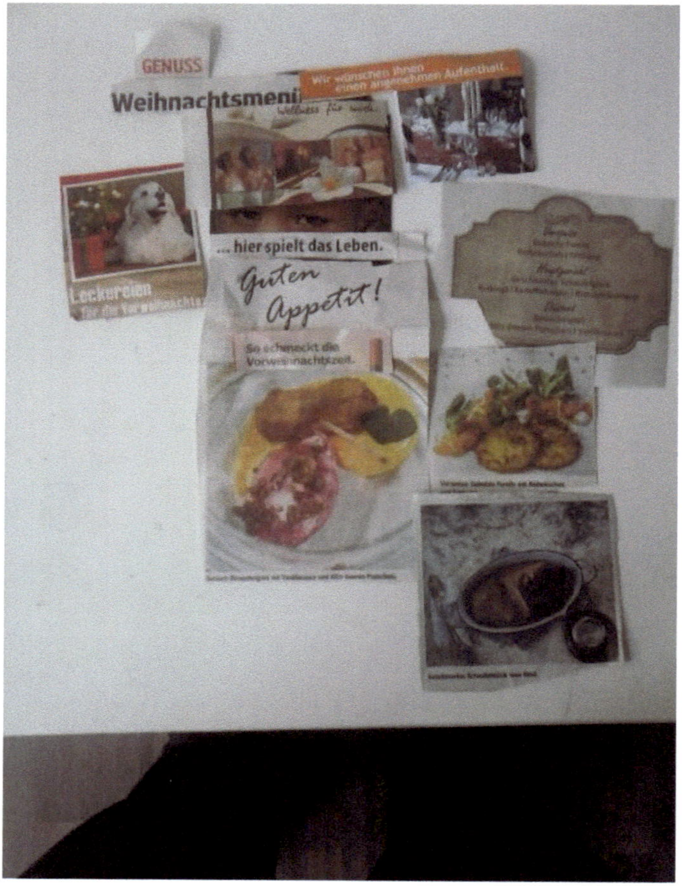
GENUSS
Wir wünschen Ihnen einen angenehmen Aufenthalt.
... hier spielt das Leben.
Guten Appetit!
So schmeckt die Vorweihnachtszeit.
Leckereien

In meinem zweiten Buch hatte ich den Holocaust des Naziregimes mit dem Millionenfachen Sterben in den letzten 70 Jahren in den sogenannten Entwicklungsländern verglichen. Es gab durchaus vergleichbare Holocausts in der Vergangenheit. Diese hatten alle mit Bereicherung der westlichen

Bevölkerung auf dem Rücken der ausgebeuteten Menschen in den Kolonien zu tun. Ich hatte immer ein dumpfes Gefühl im Bauch wenn ich all diese Betrauerung, das Entsetzen und die Fassungslosigkeit der heutigen westlichen Gesellschaft bei Erinnerungsveranstaltungen zum Naziholocaust sehe. Dies war mir immer zu einfach. Irgendwas ist da nicht in Ordnung. Es war diese falsche Betroffenheit der heutigen Gesellschaft. Warum habe ich nur so lange gebraucht dies zu verstehen? Bei diesen Veranstaltungen ist ja nicht wirklich jeder dort persönlich betroffen vom Naziholocaust. Und das macht es leicht Entsetzen zu zeigen. Und deren Hilflosigkeit. Es hört doch in der nächsten Stunde auf. Man geht zur Tagesordnung über und sagt *Das darf nie wieder passieren. Nicht mit mir, oder doch etwa?* Die erste Zeile in meinem Buch heißt **.Willkommen in der medialen Welt. Wir sind heute klarer und unmissverständlicher mit dem Verhungern von Kindern konfrontiert als damals die deutsche Bevölkerung mit der Kenntnisnahme von Ausschwitz. Aber wir können heute diesen neuen Holocaust ändern im Gegensatz zu der damaligen Gesellschaft. Und das macht uns schuldiger als die damalige Nazigesellschaft. Damals war es die Angst vor den Schergen Hitlers. Was ist es heute? Wenn es uns aber schuldiger macht? Was wird mit uns dann passieren? Heute kann man es in meinem Buch nachlesen, was uns abhält dieses grausame Leiden zu verhindern. Das Rechenbeispiel an der Aldikasse.** *Die Einsamkeit Gottes und seine Gerechtigkeit, der Titel..* So habe ich es in dem anderen Buch aufgezeigt. Denn wer verhungert, dem ist es egal warum er verhungert. Er kann es ja nicht ändern.

Jetzt ist alles raus und ich kann nach Manila gehen. Ja, jetzt kann ich gehen. Und es ist mir scheiß egal ob jemand dieses Buch liest. Ich denke, ich musste meine drei Bücher für mich selber schreiben. Auch das habe ich heute erst verstanden. Deswegen nehme ich keinen Lektor, der eh alles nur verwässert. Die paar Grammatikfehler seien geschuldet. Denn wer mehr hier darauf achtet ist eh nicht wert, dass er das hier liest. So ist das. Smokey Mountain bedeutet Dreck, Hitze, Schmutz, Verzweifelung und Suff. Egal. Vielleicht finde ich dich, Jesus, da. Ohne dabei zu erschrecken.

Hier Bilder des Holocaust : ja welcher Holocaust?

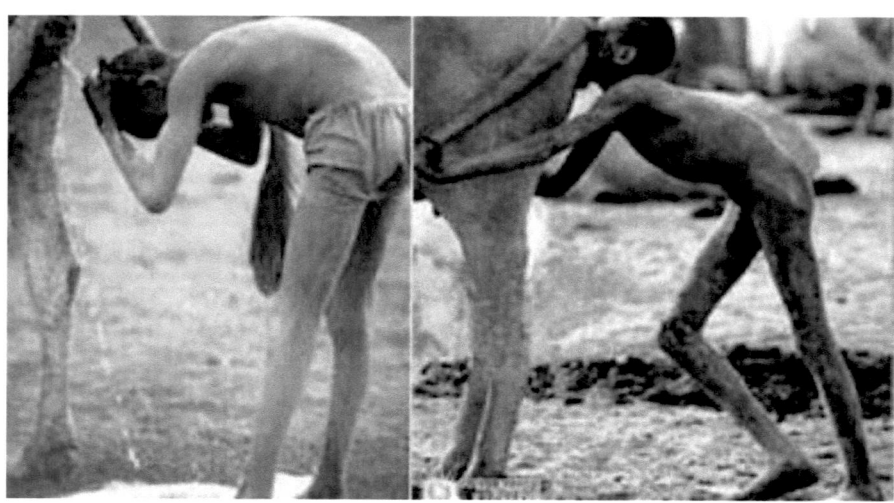

Wunderbar, wie alles wiederkommt und als so folgerichtig furchtbar.
Hermann Hesse

You Tube Meditation   Every 5 seconds

Ich bitte nicht
Um Glück auf Erden ,
Nur um ein Leuchten
Dann und wann.
Das sichtbar Deine
Hände werden.
Ich, Deine Liebe
Ahnen kann.
Nur in des Lebens
Kümmernissen

Um der Ergebung
Gnadengruß.
Dann wirst du schon
Am besten wissen,
Wieviel ich tragen kann
Und muss.
Droste – Hülshoff

You Tube Meditation   ***Trumpers & The Trumpet***

Was ich gelitten,
Weißt nur Du.
Lass dich erbitten.
Sende Ruh!
Ruhe des Leides
Und der Luft.
Beides , ach beides
Quält die Brust.
Heinrich Federer

You Tube   Baby Moses   The full story

*Von allen Geschenken
die uns eine weise
Voraussicht gewährt,
um das Leben völlig
beglückend zu
ist Freundschaft
das Schönste.*
Epikur

You Tube   Meditation   Hungry in Africa

Herr!
Mach aus mir ein Werkzeug
Deiner Liebe!
Wo Hass herrsch , lass mich
***Licht** bringen.*
*Wo Krankung , die **Vergebung***
*Wo Zwietracht , die **Versöhnung***
*Wo Finsternis , Dein **Licht***
*Wo Traurigkeit , die **Freude***
Franz von Assisi

You Tube   Meditation   Ninos mueren de hambre

Ein Traum , ein Traum …….. ,
ist unser Leben
auf Erden hier.
Wie Schatten auf den
Wogen schweben.
Und schwinden wir,
Und messen unsere
tragen Tritte
Nach Raum und Zeit ,
Und sind (und wissen`s nicht)
In Mitte.
Der Ewigkeit.   **J.G.Herder**

You Tube   Meditation   Desastre Humanitario El hambre sigue

*Allein ..
Sie fuhren über die Erde,
Straßen und Wege viel ,
Alle haben
Dasselbe Ziel.*

*Du kannst reiten und Fahren,
Zu zweien und zu dreien,
Den letzten Schritt musst du
Gehen allein.*

*Drum ist kein Wissen
Nach Können so gut ,
Als das man alles Schwere
Alleine tut ...*
Hermann Hesse

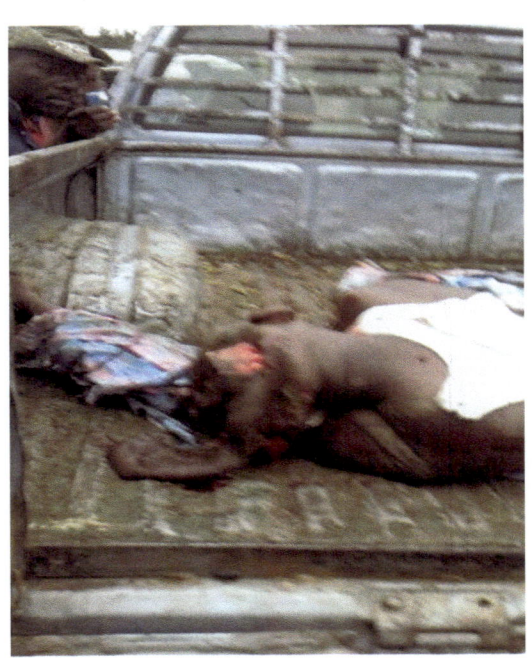

You Tube Meditation   Staring child abendoned , because of „ Wild craft" . Rescued by Aid Worker

*Seltsam ,
im Nebel zu wandern!
Einsamkeit ist jeder Busch und Stein,
Kein Baum sieht den anderen,
Jeder ist allein.*

*Voll von Fremden war mir die Welt,
Als noch mein Leben licht war
Nun , da der Nebel fällt ,
ist keiner mehr sichtbar.*

*Wahrlich keiner ist weise,
Der nicht , das Dunkel kennt,
Das unentrinnbare und leise ,
von allen ihn trennt.
Seltsam , im Nebel zu wandern !
Leben ist Einsamkeit.
Kein Mensch kennt den anderen.
Jeder ist allein.*
Hermann Hesse

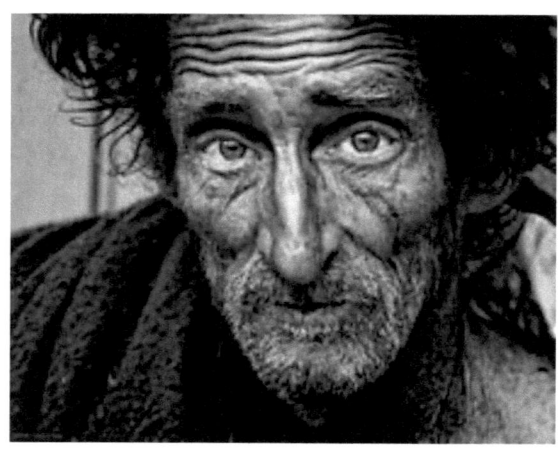

You Tube Meditation   Poor VS Rich

*Im selben Mut du willst
empfangen, musst du
geben,
willst du ein ganzes Herz,
so gib ein ganzes Leben.*
Friederich Rückert

You Tube   Meditation   poor kid short film

*Alle das Neigen,
von Herzen zu Herzen,
ach, wie eigen,
schafft das Schmerzen!*

*Wie soll ich fliehen?
Alles vergebens?
Krone des Lebens,
Glück ohne Ruh,
Liebe, bist du!*
J.W. v. Goethe

Ich bitte den Leser, diese letzten Zitate NUR in Verbindung mit den angegeben you tube Berichten zu lesen!

12.10.2016

Heute war ich wieder in der Landesunterkunft an der Dorstener Straße in Herne, eine Einrichtung der Malteser für Asylsuchende. Das Camp wird geschlossen und damit verliere ich meine Kinder und meine provisorische Schule dort. Es waren 9 Monate schöne und intensive Erlebnisse mit Asylkindern, aber auch mit den Erwachsenen. Jetzt bereite ich mich auf Manila und Cebu vor. Ein Mitarbeiter, dem ich von meiner Reise erzählte, sagte. cool.. , lass dir das bezahlen, von einer Organisation. Vielleicht kannst du dann umsonst da wohnen .Manchmal empfinde ich, dass ich in dieser westlichen Gesellschaft falsch am Platz bin. Malteser „die Nähe zählt``.

Morgens war ich in der Herner Südstraße, eine kommunale Einrichtung für Flüchtlinge. Eine junge Chinesin, 17 Jahre alt. Sie spricht nur wenig Englisch und ich weder Alt – noch Neuchinesisch. Deutsch und etwas Mathe . Es ging. Und dann kam Fatma, 5 Jahre alt. Sie war bei mir in der Schule an der Dorstenerstraße, sehr fleißig. Ein Juwel. Ob sie morgen wieder kommt? Abschiede sind immer ein Neuanfang.

Ich betrachte diese Arbeit als eine Art der Vorbereitung auf meinen Besuch in Manila und Cebu. Vielleicht bin ich in dieser westlichen Gesellschaft fehl am Platz. Deswegen begebe ich mich in diese Slums, um dies für mich heraus zu finden. Zwar habe ich hier auch gute Optionen in der Flüchtlingsarbeit .Man wird sehen.

17.10. 2016

Ich habe heute die Verleihung des deutschen Buchpreises im TV gesehen. Die applaudierende Versammlung von intellektuellen Erfolgsmenschen. Die richtige Krawatte, die 100 Euro Frisur. Bei der erhaltenen Einladung das Gefühl, Humm, ich gehöre dazu. Ich habe es geschafft. Ab an das Buffet. Es kotzt mich an.

Zum Schluss kam der diesjährige Auserkorene und präsentierte sich vor seinem prall gefüllten Bücherregal und stieg auf diesen zweistufigen Hocker.

Die Karriereleiter nach oben. Humm. 25 000 Euro und die sichere Vermarktung seines Buches, genannt zu werden mit anderen vorher dekorierten Gewinnern. In seinem Buch ging es um ein gutsituiertes Reiseehepaar auf einer Reise wo sie Flüchtlingen begegneten. Wurden da Urheberrechte von Flüchtlingen in ihrer Notlage verletzt? Hört sich dumm an? Es kotzt mich an. Diese intellektuell geartete Gleichgültigkeit und Oberflächlichkeit.

19.10.2016

Ich hab ihn wieder besucht, Gerd W., Über 80. Schweres Krankheitsbild. Allein stehend. Er hat inzwischen eine Magensonde mit Astronautennahrung. Das Schlucken geht nicht mehr. Hochgradig blind und keine Zähne mehr. Liegt da mit seinem Teddybärchen im Arm. Nach dem Auszug aus seinem Reihenhäuschen ab in das Altersheim. Jetzt hat er eine wiederholte Lungenentzündung und ich fuhr mit dem Fahrrad zum Krankenhaus. Er spricht vielleicht einen unverständlichen Satz. Also sage ich ihm wer ich bin, welchen Tag wir haben, wie Schalke gespielt hat, usw. Früher konnte ich mit dem Rollstuhl in über die Bielefelder Straße schieben, Aschebrockstraße, die ist nebenan, da hat er gewohnt. Im Monolog sagte ich immer dann wo wir gerade sind. Das geht jetzt nicht mehr. Also nehme ich im Eingangsbereich des Krankenhauses die Lokalzeitung, wie das Wochenblatt, mit und lese ihm das Lokale vor. Das klappt ganz gut. Wenn ich da bin geht alles. Nur manchmal fällt es mir schwer, in diesen fast 2 Jahren, mich zu motivieren. Es kommt sehr wenig zurück. Ich bin auch schon mal 3 Wochen lang nicht hingegangen. Heute hat er mich erkannt. Unsere Fingerkuppen berührten sich gegenseitig.

Jeder stirbt für sich allein.

20.10.2016

Wie kann man mit Jesus zusammen leben ohne dabei glücklich zu sein? War er je glücklich? Kannte er überhaupt diese Sehnsucht?

Sprich nur ein Wort und meine Seele wird gesund

Wovon willst du mich erlösen? Von dem Joch, dass dein Vater mir auferlegt hat?

Ja, Fatma, ist heute nicht gekommen. Aber ich habe mit anderen Asylkindern „Himmel und Hölle" gespielt.

Ab jetzt gibt es für mich keine Botschaften mehr nach außen. Alle Botschaften gehen nur noch zu mir selbst. Das muss ich lernen. Ich muss für mich diese Brücke kappen zwischen der augenscheinlichen Sicherheit und der inneren eigenen Verlorenheit. Das geht nur bei und mit Menschen, welche in einer ähnlichen Not sind. Nur da kann die Seele brennen. Eigentlich sind viele verloren, aber das kümmert mich jetzt nicht mehr. Ich möchte jetzt das tun was für mich wichtig ist.

Sind wir alle verloren und wissen's nicht?

21.10.2016

Heute war der Abschied. An der Dorstener Straße in Herne. Auch ich musste sehr viel lernen. Zum Beispiel, dass die Zahl 89 bei den Muslimen 98 ist. Als ich den Kindern ihre Schreibehefte gab begannen sie auf der letzten Seite. Immer von links nach rechts. Aber in den Augen dieser Kinder sah ich leuchtende Seelen. Auch auf dem Tetraeder in Bottrop oder im Zoo in Dortmund. Es war eine Zeit auf gleicher Ebene. Jetzt ist es vorbei. Die Ali´s, die Mohamed`s, die Fatma`s, die Nimri`s, die Mariam`s, die Fatima`s und Nosra`s. Auch mit Nasim, ein syrischer Chemiker. Wir haben für A1 geübt. Jetzt macht er B1 / B2 und später C1. Einen Job in der Chemie hat er in Aussicht. Jetzt kann er seine Frau nachholen. Sie musste im umkämpften Syrien fliehen in eine andere Stadt. Es war also eine sehr intensive Zeit dort im Camp! Seelenwesen und seelenlose Wesen, es kann also funktionieren. Auch in Smokey Mountain in Manila. Dort wird es natürlich anders funktionieren. Denn die Ali`s oder Mariam`s werden hier wahrscheinlich Zuflucht finden.

Die Kinder in den Slums von Manila nicht. Wohin könnten sie auch flüchten? Die will doch keiner. Spiel nicht mit den Schmuddelkindern. Ein Song.

Sprich nur ein Wort und meine Seele wird gesund

Diese Manilakinder sind von Gott geliebt ebenso wie der gleichgültige Egomane. Ich möchte nicht in Gottes Haut stecken.

Richtet nicht auf das ihr nicht gerichtet werdet. Jesus v .Nazareth.

Ist es dann eine göttliche Komödie? Ich denke nein! Erlöse mich Gott! Mein Haupt wird schwer. Deine kosmologische Liebe im Dialog zur meiner inneren zerrissenen Seele.

Sprich nur ein Wort und meine Seele wird gesund.

Diesen Satz kann man nur in den Wind flüstern. Oder laut, wenn es der eigene letzte Satz ist. Wer bin ich? Ich bin nicht ich? Warum brauchst du mich? Warum. Ich bin einsam, du auch? Gott? Ich bin nicht wie Prometheus. Warum brauchst du mich? Warum?

Wir, Menschen, irren. Wir Menschen „ denken", wir haben ein eigenständiges Sein. Da irren wir. Wir sind verwoben im Sein. Gott und Mensch. Der Vanillepudding und das Senfkorn. Befindet sich das Senfkorn im Pudding oder außerhalb? Außerhalb der Ewigkeit? Die Seele außerhalb der Ewigkeit? Was kann ich unabhängig von dir sein was nicht in deinem Sein ist? Es ist nicht zu erklären, weil der Verstand dazu nicht ausreicht, um es zu erklären. Dieses Gefühl kann ich mit keinem Menschen austauschen. Also gehe ich nach Manila. Kinderaugen können die richtige Antwort geben. Dann brauche ich mir diese Frage nicht mehr stellen.

Ich habe Angst vor dir, Gott. Als Mensch. Hast du auch Angst vor mir? Ich habe Angst nicht geliebt zu werden. Hast du auch Angst von mir nicht geliebt zu werden? Deine Idee, meine Seele.

Heute war es kalt auf dem Fahrrad. Das nächste Mal muss ich Handschuhe anziehen. Fingerkuppen brauchen Zeit um warm zu werden.

Habe heute wieder so eine Verleihung eines deutschen Buchpreises gesehen. Wieder diese Erfolgsmenschen auf ihren ausgewählten Plätzen. Wer vergibt eigentlich diese Plätze? Humm. Es kotzt mich an. Gibt es eine Schamgrenze wenn man über anderes menschliches Leid oder über betroffenes Leid anderer schreibt und beklatscht wird? Dabei Geld verdienen?

Gut, dass ich kein Geld verdiene, mit diesen Büchern. Humm.

Wenn ihr die liebt, die euch lieben, welchen Dank habt ihr da?

In ein Meer sät man kein Wasser. (Afrikanische Lebensweisheit)

Man wirft auch keine Perlen unter Säue .Jesus Zitat irgendwo im NT

Ich habe zwei Tage gebraucht um diese beiden Aussagen als identisch zu sehen und zu begreifen. Beide Aussagen bedeuten, dass es jeweils ein sinnloses Unterfangen wäre, dies zu tun. Denn es geht hier um die Wahrheit. Wer kann sie wohl aussprechen und wer kann sie wohl hören und verstehen? Hast du, Jesus, diese Säue abgeschrieben?

27/28.10.2016

Gestern war der zweitletzte Tag mit den Flüchtlingen. Ich habe ca. 12 Monate mit ihnen, na sagen wir, ein wenig mit gelebt. Am Donnerstag war schon das Camp nur noch mit ca. 60 Leuten belegt. Fast ebenso viele an Betreuern und Securitys. Ich hab dann darauf gedrungen den Kindergarten wieder auf zu machen. 10 Grad und keine Sonne und so ein Kindergarten ist warm. Uno, Mensch ärgere dich nicht, Elfer raus, das Leiterspiel, Schwarzer Peter, das geht immer. Meine Standardausrüstung, ich nehme sie auch nach Manila mit. Abdullah, ein 5 jähriger aus dem Irak, hat Spaß gemacht, das Leiterspiel. Er wird jetzt abgeschoben. Da ist der mit dem Daumen auf dem Bild. Am Nachmittag dann in den Gysenberg in Herne. Streichelzoo war ein Highlight, Jolante der Zug, Spielplätze, die Eishalle und natürlich Mac Doof. Die Kinder selig an Hand von dem für sie nicht alltäglichem erlebten Alltag. Das Camp ist eingezäunt. Irgendjemand muss da geschützt werden.

Wenn du keine Feinde hast, brauchst du keinen Zaun. Heute dann der Abschied. Das Warten auf die Busse. Diese waren um 10.00 vormittags angekündigt und kamen dann um 15.00 und 16.00. Na, ja, die deutsche Gründlichkeit von Regierungsbeamten. Als die Busse los fuhren saßen diese Beamten in ihren warmen Stuben. Na, ja. Sogar die Polizei ist genervt abgezogen. Tränen, Abschied. Neuanfang. Ich habe viel heute mit Abdullah gespielt. Er ist sehr krank, weil er eine schorfige Hautkrankheit hat. Die Finger sind wie eigenartig, als wenn die Haut sich immer wieder abpellt. Das Gesicht voll von einer Art von Schuppen. Haut blättert ab, wird abgestoßen. Abstoßend? Auch für die Betreuer oder sogar Asylkinder meiden ihn oder treten ihn. Wer schmust mit ihm? Ein Betreuer wusch sich die Hände mit antiseptischen Wassern. Ich hab mit ihm geschmust, Abdullah. Geduscht hab ich abends nach meinem Sport.

Ich möchte jetzt den ersten Teil abschließen. Anbei ein paar Bilder von Seelen.

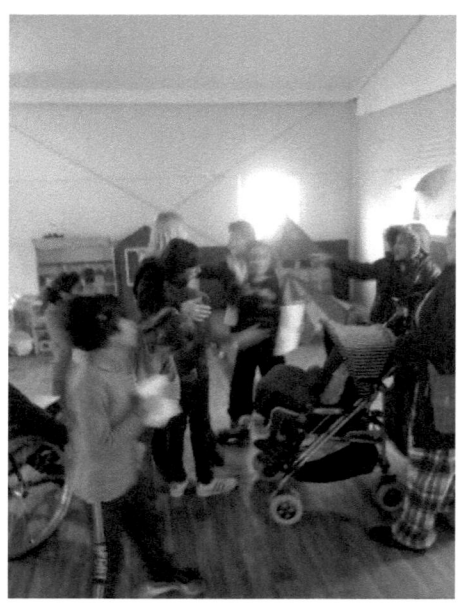

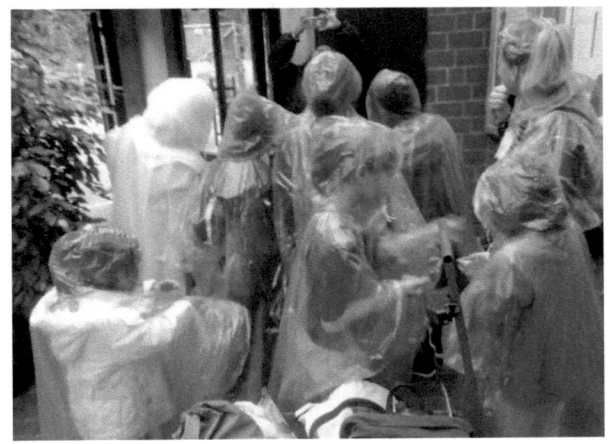

An folgenden Tagen findet in Raum 27 Schulunterricht für Kinder statt:
On these days will be lessons for children in room 27

في الأيام التالية يوجد دروس للأطفال في الخيمه ٢٧

Klasse 1= 8 - 9 Jahren   Klasse 2= 10 - 11 Jahren   Klasse 3 = 12 - 15 Jahren

الفصل الاول = 8-9 سنوات ؛ الفصل الثاني =10-11 سنوات ؛ الفصل الثالث =12-15 سنوات

Klasse	Montag	Dienstag	Mittwoch	Donnerstag	Freitag
9:00 - 9:45	Klasse 3	Klasse 1	Klasse 3	Klasse 1	Klasse 1
9:45 - 10:30	Klasse 2	Klasse 3	Klasse 1	Klasse 2	Klasse 2
10:30 - 10:45	Pause	Pause	Pause	Pause	Pause
10:45 - 11:30	Klasse 3	Klasse 3	Klasse 2	Klasse 2	Klasse 2
11:30 - 12:15	Klasse 1	Klasse 3	Klasse 3	Klasse 3	Klasse 1

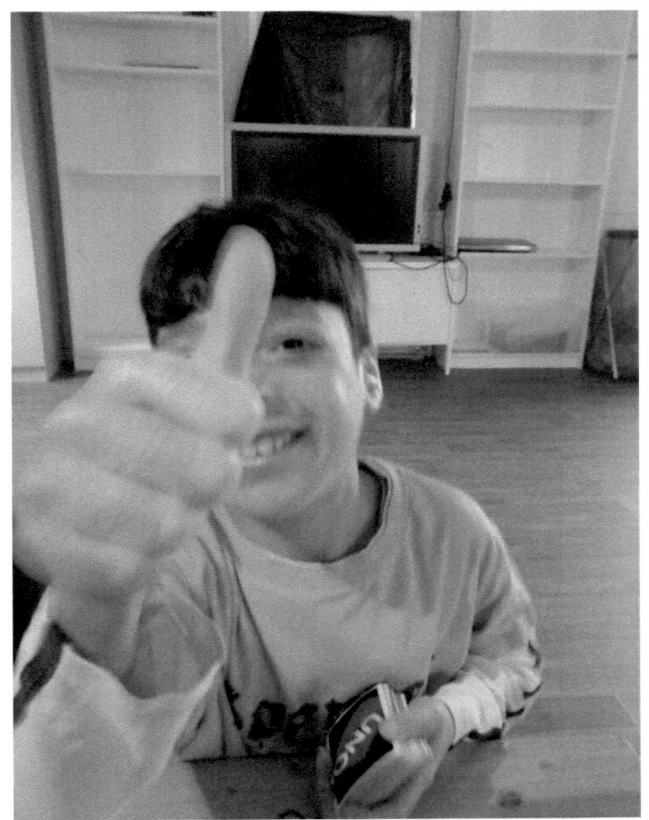

Er wurde abgeschoben. Alle Wege hatten sich gekreutzt.

31.10.2026

Reformationstag.

Ich lass sie jetzt in Ruhe, diese Päpstlichkeiten und Geistlichkeiten bei ihren Feierlichkeiten. Irgendetwas stimmt da nicht. Das fühle ich. Jesus, nimm ihnen ihre Hügel, welche sie behausen. Ich weiß, es würde nichts ändern. Wer weiß eigentlich, dass Luther diese Religionskriege nie wirklich verhindern wollte? Sein Gegenspieler übrigens auch. Es kotzt mich an. Beide gleich.

Es kommt der Tag, an dem das Geräusch
des Mühlrads verstummt
und das Lied der Vögel verklingt,
an dem der Krug an der Quelle zerbricht.
Und das Rad zerbrochen zu Boden fällt.

Der Mensch aber
Haucht sich zurück zu Gott,
der ihm den Atem gegeben hat.
Er kehrt heim,
in sein ewiges Haus.

             Aus der Bibel Kohelet

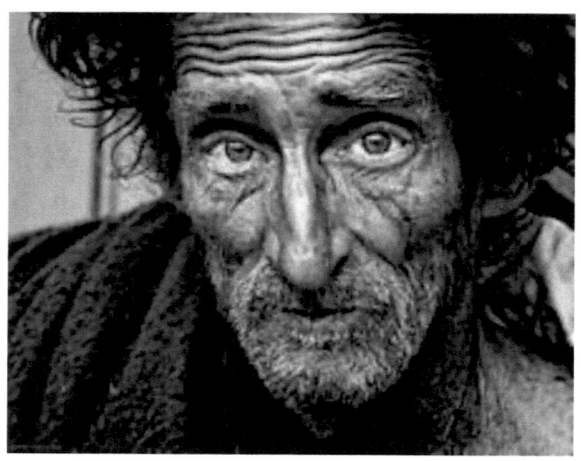

Du siehst alles ein bisschen klarer
Mit Augen , die geweint haben.

Marie von Ebner-Eschenbach

Warum…Warum….Warum?
Warum diese Scherzen? Warum .. Warum..?
Wenn ich an die Toten denke und an die Leiden,
dann renne ich an Rätsel, stoße mit dem Geheimnis zusammen.
Dann kann ich vornehmen, zu vergessen oder nicht weiterzudenken oder so zu tun, als ob. Aber solange ich bei Verstand bin und ein Herz habe, wird es mir nachgeben. Und wenn dann die Stunde kommt, da ich selbst hinein muss in die Nacht, bleibt mir nichts anderes mehr als Hinnahme.
Ich wollte, in dieser Stunde könnte ich beten, könnte zu Gott rufen Warum
Hast du die Sonne gelöscht, die du selbst entzündest hast?
Und ich bin sicher, dann werde ich mit dem Herzen Dinge erfahren, die ich mit dem Verstand nicht erklären kann.

Phil Bosmann

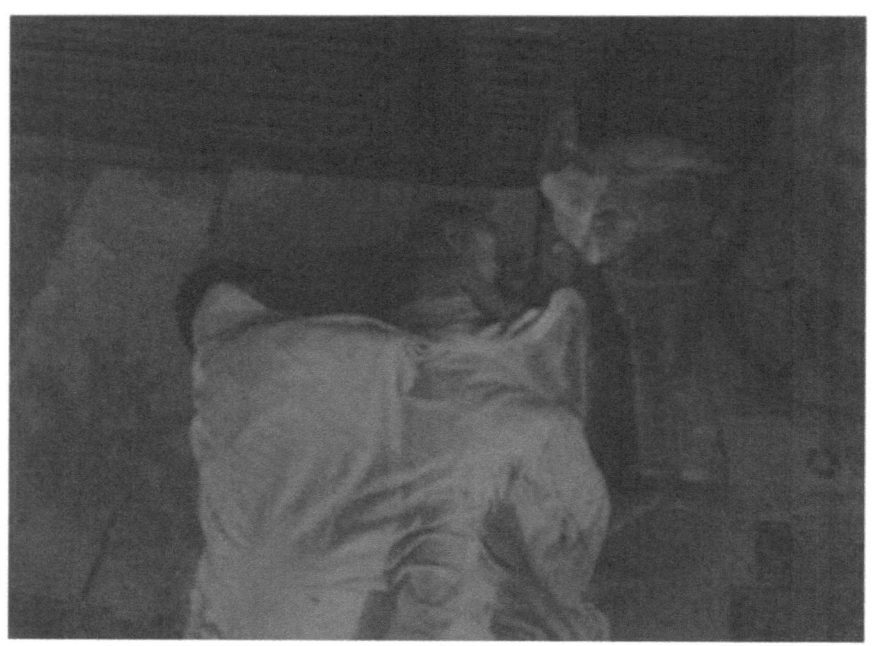

Man besitzt nie etwas wirklich.
Nur eine Zeit lang bewahrt man es auf.
Ist man nicht fähig, es wegzugeben, wird man selbst festgehalten.
Was immer man sammelt, muss sein wie Wasser in der hohlen Hand.
Greift man zu, läuft es weg.
Willst du es besitzen, beschmutzt du es.
Lässt du es los, ist es für dich da.

Anthony De Mello

Nicht alle unsere Wünsche, aber alle seine Verheißungen erfüllt der Himmel.

Dietrich Boenhoefer

Ich glaube, dass, wenn der Tod unsere Augen schließt, wir in einem Licht stehen, von welchem unser Sonnenlicht nur ein Schatten ist.

Arthur Schopenhauer

Ich glaube an die Sonne
Auch wenn sie nicht scheint.
Ich glaube an die Liebe,
auch wenn sie nicht spüre.
Ich glaube an Gott, auch wenn ich ihn nicht sehe.

                                        Inschrift im Warschauer Gettho

Wenn ein Geliebter stirbt, dem ist es wie ein Traum.
Die ersten Tage kommt er zu sich selber kaum.

Wie er´s ertragen soll, kann er sich selbst nicht fragen.
Und wenn er sich besinnt, so hat er`s schon ertragen.
Friedrich Rückert

Was ist, lieber Rückert, wenn die Geliebte noch lebt, nur mit jemand anderen verheiratet ist?

Anfang des Lebens
Wir erkennen wohl, was wir durch den Tode verlieren,
aber nicht, was wir durch ihn gewinnen.
Arthur Schopenhauer

 Hier auf Erden gibt es nur eine höhere Idee, die da lautet:
Die Idee von der Unsterblichkeit der Seele.
Denn alle restlichen höheren Lebensideen gründen allein in
dieser Idee.
Fjodor M. Dostojewski

Die Verfeinerung durch Leiden ist höher und menschlicher als die durch Glück und Wohlleben.

Thomas Mann

Man kann von einem Leiden nicht genesen, wenn man es nicht in ganzer Stärke durchlebt.

Marcel Proust

Trost
Tröste dich, die Stunden eilen.
Und alles was dich drücken mag, auch das Schlimmste kann nicht weilen,
und es kommt ein neuer Tag.
In dem eigen Kommen, Schwinden. Wie der Schmerz liegt auch das Glück.
Und auch heitre Bilder finden ihren Weg zurück.
Harre, hoffe. Nicht vergebens. Zählst der Stunden Schlag!
Wechsel ist das Los des Lebens.
Und es kommt ein neuer Tag.

                                      Theodor Fontane

Tagebuch meiner Reise Manila / Cebu

Der erste Tag 8/9.11

Ich bin doch geflogen. Zurzeit sitze ich die siebenstündige Wartezeit in Hongkong ab. Dieser Flughafen ist ein riesiger Komplex und fest in chinesischer Hand. Chinesisch was man sieht, hört und liest. Ein jeder textet mit seinem oder zweiten Handys. Alle Gates und Anzeigetafeln werden erstmals in chinesischer Sprache angezeigt, erst dann in der internationalen Sprache Englisch.

Aber lass mich in Düsseldorf anfangen. Dort habe ich gleich das erste Foto geschossen. Es sollte eigentlich das letzte sein. Ich hätte es auch zum Abschluss der Reise aufnehmen können. Deswegen wird es zum Schluss positioniert. Im Flugzeug saß ich dann, mit dem Zwischenziel Hongkong, neben einem älteren Ehepaar, so alt wie ich. So ein Zufall, beide kamen wohl aus Arnsberg. Meiner alten Heimat und die von … Du hast die 50 Jahre vergessen, Fridrich Rückert. Na ja. Beide waren mit guten IPods und Handys ausgestattet. Das war mein Glück. Denn die Frau schaute die Neuigkeiten, welcher in der Westfalenpost online gelistet waren, an. So konnte ich Einblicke in kommunale Ereignisse aus meiner alten Heimatstadt Arnsberg erhaschen. Sie waren wohl auf einem Urlaubstrip. Der Flug dauerte 12 Stunden, wobei man der Zeit entgegenfliegt. Also erst das Mittagessen und dann das Frühstück. Dann musste ich sieben Stunden auf den Weiterflug nach Manila warten. Zuerst habe ich eine Stunde gedöst, nachdem ich mich erst mal mich hier zu Recht gefunden hatte. Eigentlich wird meine Reise eine kleine Weltreise sein. Düsseldorf, Hongkong, Manila, Cebu, Hongkong, London und dann wieder Düsseldorf, in zwei Wochen. Hier ist es wie in einem Ameisenhaufen. Alle Wege kreuzen sich. Nach dem Dösen habe ich eine interessante Abhandlung über professionelle Nähe / Distanz Arbeit gelesen. Sehr theoretisch. Nähe und Distanz kann ich auch vergleichen mit Liebe und Selbstliebe. Diese Abhandlung passte irgendwie zu diesem Flughafen. Alles wie Fachchinesisch. Ich musste mich sehr anstrengen, lesen oder dösen. Chinesische Frauen und ein Dauergespräch. Ich hab mich verzogen und ca. 3 Stunden geschlafen. Meine Füße auf dem Trolli und einen Arm am Rucksack. Das war nicht nötig. Na ja. Danach hatte ich noch zwei Stunden. Ich war unruhig, den Armen zu begegnen, na ja.

Hier ein Auszug aus dem Text von Manuela Haas, Akademiker Verlag, Nähe und Distanz

„ Im Handlungsfeld der Heimerziehung ist das Risiko nicht bewältigter Nähe nicht nur die große Gefahr, sondern, wenn das Risiko angenommen und durchgestanden wird, auch die größte Quelle von Chancen. Dasselbe gilt auch für die Akzeptanz schwer zu ertragender innerer Distanz. Die Bewältigung von Nähe ist nicht organisatorisch oder pädagogisch herstellbar. Sie entsteht durch die Fähigkeit, Unerwartetes zuzulassen.

Für Schmidt geht es darum aufzuzeigen, wie in psychoanalytischer Perspektive Nähe und Distanz auf komplexe und nicht – auflösbare Weise aufeinander verwiesen und miteinander verknüpft sind. Sowohl im pädagogischen als auch im therapeutischen Kontext gibt es daraus kein Entkommen. Wichtig ist die Verwicklungen von Nähe und Distanz in das Denken hineinzubekommen und immer wieder aufs Neue in ein reflektierendes Nachdenken zu überführen.

Bimschas und Schroeder schreiben, dass eine Vielzahl an Verständigungsproblemen in einer Beziehung daraus resultieren, was als nah oder distanziert empfindet. Wichtig ist, eine Beziehung in die Beziehung zu bringen, was heißt, dass man sich nicht für eine fixe Vorstellung von Abstand, sondern ein Mehr an Nähe zulässt, die damit eventuellen Verstrickungen bearbeiten zu können. Nähe ist immer mit Gefahren verbunden, welchen wir nicht entkommen, wenn wir uns in menschlichen Beziehungen finden. Eine Begegnung beziehungsweise ein in Kontakt treten mit dem Anderen ist nur dann möglich, wenn man seine eigene Gefühle einbringt, womit man bereits nicht mehr distanziert ist …wenn man nicht über die Werkzeuge verfügt, um sich in Beziehungen zu anderen zu orientieren und zu unterscheiden, was zu wem gehört, dann schwingt man zwischen zwei Polen hin und her, dem von großer Nähe verbunden mit der Gefahr der Fusion und dem von großer Entfernung verbunden mit der Gefahr, dass einem der Andere gleichgültig wird. „ Ende des Zitats.

Dieser Abhandlung hat mich schon in seiner klaren Aussage betroffen gemacht. Aber nur flankierend. Manila wird der Kultur Schock. Für wen? Für den Armen und vielleicht für den sensiblen Reichen. Welche gibt es eigentlich mehr. Kann ich das googlen?

9.11

Ich bin jetzt angekommen. Jedenfalls erst einmal real, unter diesen Umständen. Andere westliche Besucher buchen irgendwelche Ressorts, an einer Küste oder auf den Bergen. Dort gibt es klare Luft. Rucksacktouristen werde ich diesem Stadtteil nicht finden. Ein irdisches Paradies, sozusagen, wie es diese schönen Reklamebilder es halt hergeben, ist dies wahrlich nicht. Wenn ich aus dem Hotel komme befindet man sich sofort in einer Menschentraube. Die Bürgersteige sind voll mit kleinen Straßenshops. Da wird alles angeboten, was halt nicht zu groß ist. Ich war schon an vielen Plätzen der Welt, aber hier kann man den schwarzen Smog sehen. Ich bin dann abends bummeln gegangen. Natürlich nur über die Mainroad, alle anderen Straßen sind nachts nicht sicher. Handy und Geldbörse unter Verschluss. Normalerweise verirre ich mich nicht, nicht bei einem Umfeld von mehr als 500 Metern. Aber wer nicht hier war kann das nicht verstehen. Ich bin dann in irgendeine Karaoke Bar gegangen. Karaoke bedeutet, dass eine sehr laute Musik an einem TV mit Untertiteln gezeigt wird. Jeder Besucher kann unter mindestens 1000 Songs sein Stück aussuchen und mit Micro laut den Untertitel mit singen. Na ja, sagen wir mitsingen. Dabei ist es so laut, dass man sein eigenes Wort nicht verstehen kann. Man muss übrigens, wenn man einen Song bestellt, diesen auch singen. Nur hören, geht nicht. Alle Filippinos mögen dies. Ja, und dann kamen sie. Diese kleinen Geistseelen, Geistgesichter, Straßenkinder. Mädchen oder Jungen, von 3 bis ca. 7 Jahre alt. Augen voller Angst, Stolz, aber auch fordernd. Von den Barmädchen wurden sie verscheucht. Sie kamen bis nachts um 1 Uhr. Die Anteilnahme an diesen Kindern ist hier genauso sensibel wie bei dem Leser oder der westlichen Bevölkerung. Kleine Pesos habe ich gegeben, so um die 10 bis 20 Pesos. Also muss ich beim Einkaufen diese Pesos sammeln.

10.11

Beim heutigen frühen Bummel bin ich 3 munteren Jungs begegnet. Diese hatten sich vor einem billigen Foodrestaurant aufgebaut. Schule muss warten. Natürlich wird jeder Ausländer angebettelt. Dies System ist effizienter als irgendwelche Jobs. Haben sie Eltern? Ich denke, dass sie in 10 Stunden vielleicht auf 100 Pesos kommen. Das wären umgerechnet 2 Euro. Als Zusatz reicht das für den Tag. Das Bier, was ich gerade trinke, kostet ca. 1,40 Euro. Soviel zur Realisation dieser Zusammenhänge. Ich rede hier von den wirtschaftlichen Zusammenhängen. Dem Grundprinzip aller wirtschaftlichen Prozesse. Mein Geld ist immer so viel wert wie es der andere nicht hat. Ganz einfach, so wie alles Wichtige im Leben einfach ist. Ein ja ist ein ja und ein nein ist ein nein.

Es gefällt mir hier jetzt eigentlich besser als in Deutschland. Die Zusammenhänge zwischen Luxus und Armut sind hier klarer zu erkennen als im verwaschenen Europa. In Deutschland verlieren sich diese Kontraste so wie die Menschen dort sich verlieren. Außer dass sie von Gott geliebt werden. Mein Internet geht hier nicht. Zuerst der Entzug aber dann geht auch das. Das Handy brauche ich nur für die

Fotos und einmal in das Internetcafe am Tag, das reicht. Ich genieße diesen Tag. Smokey Mountain muss warten .Das Aushalten der Lebenssituation dort geht auch ohne mich. Aber morgen früh will ich dort hin. Eben war dieses kleine Mädchen wieder hier, ich gab ihr was. Ihr Besuch dauerte keine 4 Sekunden. Hier gibt es zu viel an falscher Sensibilität und bei euch, lieber Leser, gibt es zu wenig an richtiger Sensibilität. Beides geht aber dann verloren. Gibt es da keinen gesunden Mittelweg von Nähe und Distanz? Hier ist Geld gleich Macht. Diejenigen, welche dies hier haben zeigen es. In Europa dagegen herrscht die Gleichgültigkeit, der Egoismus. Sei es bei den Krawattenträgern aller gesellschaftlichen Schichten oder Führungseliten, auch geistlicher Natur. Bei diesen Menschen verschwindet diese Nähe/Distanz durch smartes Lächeln in die Kamera. Schöner Anzug, festliche Robe in der Kirche, viel erzählen, rhetorisch untermauert, aber das Wesentliche verschweigen. Und immer ganz vorne sitzen. Das ist so wichtig. Hier bedeuten 1000 Pesos schon Macht, also ca. 20 Euro. Macht, Einfluss und Abhängigkeiten. Nur ist die Menschlichkeit nicht käuflich und ebenso ist die Menschlichkeit nicht zu verkaufen. Oder doch? Ich kann damit umgehen. Sie auch? Ich meine die Nähe und Distanz. Also werde ich mich auf diese irre Welt einlassen. Darin eintauchen. Lernen. Wie begegnet Stephan dem Armen? Ich habe aber noch eine zweite Seele in meiner Brust. Meine Zerrissenheit und meine Einsamkeit. Das ist meine innere Unruh. Bei der Zertifizierung zum Ehrenamt sollten wir einen üblichen Selbsteinschätzungsbogen ausfüllen. 4 Eigenschaften sollten angekreuzt werden. Die meisten wählten positive Eigenschaften. ich wählte unruhig und reich. Ich habe heute 12 hungrige Kinderseelen erlebt. Verwahrlost, dreckig, Augen leer. Nähe und Distanz. Sie kamen immer wieder, oder andere, sie sehen abends alle gleich aus. Ich hatte in dieser Bar Reis und Nudeln bestellt. Da kamen drei und ich lud sie zum Essen ein, ein neuer Teller und die Hälfte meines Essens. Ich denke, dass ist besser so. Kein Geld. Manchmal verzocken sie das Geld auch. Kinder. Machen ihre das auch? Dabei kann sich Gleichgültigkeit in Wärme verwandeln. Es tut sich in mir ein ungeheuerlicher Gedanke auf. Sicher, ich könnte hier eine Schule und Suppenküche für die Ärmsten eröffnen. Aber wenn, dann nicht wie Mutter Theresa. Gott hat die Armen nur deshalb erschaffen, damit sie uns als Eselsbrücke zur Menschlichkeit dienen. Damit wir uns zurück besinnen. Also dürfte das sich Einbringen hier nicht als Organisation stattfinden. Denn jeder muss seinen persönlichen Weg finden. jetzt komme ich auf den zentralen Punkt. Selbst wenn ich mich hier auf Dauer mit diesen verloren Kindern einlasse müsste es einfach sein. Mutter Theresa wurde heiliggesprochen und das war schlicht weg falsch. Diese Heiligsprechung hat so viel an falscher Begeisterung ausgelöst. Eine Art dämonischer Personenkult. Ein Personenkult hat nichts mit der Botschaft Jesu zu tun. Im Gegenteil. Diese Begeisterung lenkt ab von der persönlichen Konfrontation mit dem Armen. Man hätte nicht sie sondern die Armen heilig sprechen sollen.

Jetzt kommen mir Gedanken aus meinen letzten 40 Jahren. Jetzt bündeln sich diese Gedanken, so, als wenn der Kopf freier wird. Abstürzen und wieder aufstehen. Ich möchte nicht in der Haut Gottes stecken. Wenn ich den ganzen Wahnsinn dieser kleinen Erdkugel multipliziert mit galaktischen anderen Lebensformen und potenziert mit Paralleluniversen betrachte. Man stelle sich millionenfache Planeten vor, mit demselben Wahnsinn. Mit derselben schlimmsten Form von Gewalt. Die Gleichgültig vieler über Arme. Das ist dann deine Einsamkeit und deine Gerechtigkeit, Gott. Und Jesus in dieser Konstellation. Ein millionenfacher Kreuzestod dann. Auf diesen intergalaktischen Planeten? Exegeten, antwortet mir! Ihr könnt es nicht. So wie bei Galilleo. Damals. Da habt ihr auch versagt. Übrigens hat Kopernikus als erster behauptet, dass die Erde sich um die Sonne dreht. Dann Kepler. Dann Galilleo. Theorien darüber gab es schon vorher aber Kopernikus war der erste, welcher wissentschaftlich die Lösung aufzeigte. Galilleo benutze dann die neuen Fernrohre aus den

Niederlanden und hatte das Pech im katholischen Italien zu wohnen. Er hätte nach Amsterdam umziehen müssen. Alles nur ein Deal. Man lese nach.

Jesus finden, in dem ich mich etabliere, Stephan? Alleine, oder vielleicht den Super Goal? In einer sicheren Gemeinschaft sich zu etablieren? Also beides wirtschaftlich abgesichert. Nein! Ich bin das Spiegelbild dieser Welt. Sicher, die Welt war immer schon so. Nur multipliziert und potenziert sich alles. Wie ein Tornado. Wie eine weltliche Spirale. Wie lange schaut Gott noch zu?

Um 23 Uhr kam die Frau mit dem einjährigen Kind in die Bar. Wieder. Ich gab ihr 100 Pesos. Unsere Augen waren auf einer Ebene. Für einen Augenblick. Ich war suchend, ein Anfänger. Sie war ruhig, gefasst. OK. Wer einmal den Krach hier mitbekommen hat versteht diese Notsituation mit einem einjährigen Kind in dieses Umfeld einzutauchen! Frauen und ihre Würde. Gerade kam ein dreijähriges Mädchen mit einer Plastikente und hüpfte durch die Bar. Ich beginne zu lernen und zu akzeptieren, dass ich „ außer von diesen Armen" nichts mehr von anderen etablierten Menschen etwas noch lernen kann. Ich meine damit nicht die normalen Konfliktsituationen im Umgang miteinander. Die Suche nach meinem Weg kann nicht mehr mit etablierten Menschen gegangen werden. Ich bin dieses schwarze Loch. Ich zieh alles an mich und kann mich nicht binden. Unruhe. Wie bei der Uhr. Die wird davon angetrieben. Es kommen wieder 4 Kinder, es ist 24 Uhr. Gerade jetzt ein vierjähriges Mädchen. Komm, lieber Leser, und schau dir dieses an. Veränderungen tun gut. Beidem. Dem Mädchen und dir. In diesen Sumpf. Du hast Angst? Wovor? Was verlierst du, was du eigentlich nicht besitzt? *Denen, die nichts haben, wird auch das noch genommen werden.* NT Jesus. Über diesen anscheinend nicht logischen Satz habe ich lange in meinem Leben nachgedacht. Jetzt verstehe ich diesen Satz und mich schaudert. Mich fröstelt. Er macht mir Angst. Und wenn ich Menschen in Europa daraufhin anspreche bekomme ich drei

Fragezeichen. Und dieses heilige Offizium schweigt sich aus weil sie ihn verstanden haben. Aber sie reden nicht darüber, aus Angst einen Flächenbrand auszulösen, bei welchem sie an der Spitze stehen.

Er ist Gottes Sohn. In irgendeiner Form des Seins. Nur Jesus kann so einen Satz sagen!

10.11

Ich hatte gerade ein erstaunliches Erlebnis. Nicht ich habe diese Situation beherrscht sondern dieser 8 jährige Junge. Ich sitze in einem der vielen kleinen Restaurants, na ja dieser Begriff ist wohl übertrieben. Dann kam er. Eine offene Hand. Ich legte ein paar Pesos hinein und signalisierte, ob ich vorher ein Foto von ihm machen darf. Ein kurzes Nein. Kein Geld. Weg war er. Vielleicht war es zu wenig Geld. Das nächste Mal einen orangen Schein, denn (fast) jeder ist käuflich. Das werde ich das nächste Mal versuchen. In meinem Büchlein „Die Einsamkeit Gottes und seine Gerechtigkeit" schrieb ich: Kann man Bilder von der Armut und dem Elend von Menschen machen und damit noch Geld verdienen? Wenn ein Autor , welcher über das Elend dieser Welt berichtet, sagen wir 20000 Euro an seinem Buch verdient, frage ich mich ob dies ethisch und moralisch einwandfrei ist. Sicher, seine Auslagen, ja, aber mehr? Ist das in Ordnung? Der Junge hat mir heute die Antwort auf diese Frage gegeben.

Dieses Büchlein ist so unwichtig im Leben dieser Wohlstandsgesellschaft und deswegen wird es kaum beachtet werden. Deshalb schreibe ich es für mich auf.

Welches der nachfolgenden Bilder schockt den Leser wirklich? Verletzt sein Schamgefühl? Machen sie ein Ranking? Es gibt doch so viele prämierte Fotos des Jahres wo das Elend in makabrer Weise bewundert werden. Wauh!

Eine Frau bereitet sich ihr Essen vor.

Hände waschen auf der Toilette

Ein Farbtopf zum Kochen Wird wohl nicht ihr Sohn sein.

Die Toilette

Man achte auf die Hand. Ob er im Traum bettelt?

Wo liegt für sie die Schamgrenze? Bei welchem Bild? Wenn ein Kind langsam abdriftet oder wenn hier ein Abort gezeigt wird, welcher für diese Kinder ein Luxus bedeutet. Denn sie leben auf der Straße. Es verrichtet seine Notdurft irgendwo draußen. Notdurft bedeutet aus Not dürfen. Na ja, und Duschen? Also, welches dieser vier Fotos ist für sie ekelhafter: Verletzt ihr Schamgefühl?

Eines haben sie mit diesem Kind gemeinsam, sie der Leser. Beide, das Kind hier und sie dort, werden diesen Abort nicht besuchen. Humm. Scham ist, wenn man im eigenen Verhalten oder im Verhalten anderer sich schämt. Armut ist die schlimmste Form von Gewalt, welche Menschen über Menschen haben. Dadurch, dass sie diese Kinder nicht besuchen, entlässt dies sie nicht aus dieser Gewaltspirale. Durch die mediale Welt ist jeder auf seine Betroffenheit hin angesprochen. In meinem zweiten Büchlein schrieb ich, dass die heutige Wohlstandsgesellschaft mehr informiert ist – und damit schuldiger- als die damalige Nazigesellschaft, bezogen auf den Holocaust. Dieses werde ich ab jetzt nicht mehr wieder niederschreiben. Ab jetzt keine Perlen mehr unter Säue.

Gerade kam die Wahl Trumps durch den Äther. Trump und seine Gesellen sind die Spitze der Oberflächligkeit dieser Wohlstands – und Spaßgesellschaft. Nur die dümmsten Kälber wählen ihre Metzger selber! Hitler und Trump, beide demokratisch gewählt.

11.11

Morgen gehe ich nach Smokey Mountain. Diese Entscheidung war richtig, denn mittlerweile kenne ich die Preise für Taxen hier. Als ich am Flughafen war, war ich platt und im Stress. Der Taxidealer bemerkte das sofort und wollte mich abzocken. Ich hab ihn runtergehandelt. Man kann auch mit einem dieser Mopedcabs fahren. Das sind vorsintflutliche Mopeds mit angeschweißtem Beiwagen. Aber man muss aufpassen. Die sind natürlich billiger aber auch da muss man handeln. Der Portier war auch sehr „freundlich". Er wollte mir ein Taxi zum Internetcafe bestellen. Ich ging zu Fuß. Nach 300 Metern gab es zwei Internetläden.

Dieses Foto zeigt wie wahnsinnig verschwenderisch mit Plastikverpackungen in Asien umgegangen wird. Jedes einzelne Päckchen wiegt ungefähr sechs Gramm. Es sind acht Päckchen, also 50 Gramm. Diese kosten zwanzig Peso, also fünfzwanzig Cent. Wägt man wirtschaftlich beide Produktionskosten gegeneinander ab muss dieses Verhältnis drei oder vier zu eins sein. Plastik im Verhältnis zu den Erdnüssen. In Manila leben ca. 12 000 000 Menschen. Alles ist hier so verpackt. Waschmittel, der Apfel solo, Süßigkeiten usw. Dies ist sicherlich von der Industriemafia gut durch kalkuliert. Auch europäische Firmen müssen da mitziehen. Nur gelbe Säcke gibt es hier nicht. Nur Smokey Mountain. Diese Mischkalkulation muss mit den sehr differenzierten Geldbeutel der Konsumenten zu tun haben. Abends beobachte ich dann die Müllwagen mit den wie chinesische Seepiraten verkleideten Müllmännern, wie sie den Müll vor Ort vorsortieren. Plastik, Metalle und anderes. Damit bleiben den letzten in dieser Humankapitalkette, welche den Müll bei der Abladestation, auf dem Müllberg, bearbeiten, nicht mehr so viel an Ausbeute. In NRW gibt es die derzeit die politische Diskussion der Anwohner über die neue Trassenführung der A 3 bei Leverkusen. Wegen dem Neubau der Brücke soll die neue Trasse durch eine stillgelegte Mülldeponie führen. Jede Mülldeponie muss mit verschiedenen Abdeckmaterialien abgedichtet werden. Gase, Grundwasser. Das verhält sich so wie bei abgepackten Lebensmitteln. Irgendwann bläht der Inhalt sich auf. Deswegen muss die Deponie belüftet werden. Die Kinder hier mit ihren Müttern und auch ohne Mütter würden sich sofort in NRW auf dieser Deponie ansiedeln. Sie würden sofort ihre Situation in Manila eintauschen und dann eine gesetzliche Krankenversicherung haben und die anderen Leistungen dieses Sozialstaates. Was wäre wenn der liebe Gott diese Bewohner in Manila und nicht in Leverkusen auf diese Welt geworfen hätte? Und was wäre wiederum umgekehrt? So ist das mit seinen Ideen.

Vorsortierter Müll.

Googeln sie einmal über die Plastikverkappung in den Weltmeeren. Viele Fische fressen diesen Plastik und bei den Trawlern mit ihren riesigen Schleppnetzen landen diese verendeten Fische auch in der Frittiermaschinerie, alles in einem Topf. Guten Appetit.

Die Abstände werden historisch gesehen kürzer, Stephan. Der erste halbglobale Schock war die Pestepedemie, Da starben mehr Menschen als im zweiten Weltkrieg.

Goya   Panik   Wikipedia

Davor war halt immer der lokale Eroberungskrieg, Vater aller Dinge. Danach wurden die Schocksituationen in ihren Abständen kürzer. Man rechnet nicht mehr in Jahrtausenden sondern Jahrhunderten. Der 100 jährige Krieg. Der 30 jährige Krieg (Magdeburg). Dann das Elend der gewaltsamen Bereicherung der Kolonialgebiete. Versklavung. Transfer von Reichtum. Dann wurden die Abstände kürzer. Industrialisierung, Kapitalismus, Kommunismus, Humankapital und Kapital. Wussten sie, dass ein Prozent der amerikanischen Gesellschaft in den USA ca. neunzig Prozent des Kapitalvermögens besitzen? Einer von diesen Despoten wurde ja kürzlich gewählt. Teaparty. Es stellt sich für diesen Despoten nur die Frage in wie weit er wirklich unabhängig ist. Teaparty. Na ja. Diese Mitglieder treffen die wirklichen und weitreichenden Entscheidungen, bis hin nach Europa.

Eben kam ich aus dem Kaufhaus. Eine Cola, eine Milch , ein Wasser und diese Erdnüsse, ca. achtzig Pesos. Knapp zwei Euro. Draußen wurde ich, der weiße Guy, abgefangen. Es waren drei Kids, Ein paar Pesos. So spielt jeder seine Rolle, ihr Herren von der Teaparty. Die meisten Menschen können ihr Leben selber organisieren. Aber selten ist es ihr freier Wille, welcher ihnen es ermöglicht. Sie denken zwar, sie organisieren ihr eigenes Leben. Ich lass das jetzt so stehen. Zum Nachdenken. Denn so ein Leben schließt für immer dann die Frage aus, nach dem Warum aus. Für immer! Auch im Leid.

Was habe ich heute noch erlebt? Ein Brunch für 1,10 Euro , gemischte Nudeln, Chicken, Gemüse und Gewürze. Ein Getränk. Hier gibt es entweder Chicken oder Pork. Brot, so gut wie nie - Die Autos kommen aus Japan oder Südkorea und die Lebensmittel meistens aus China oder Europa. Dann war ich auf dem Weg zum Internetladen. Auf dem Weg dorthin habe ich diese Frau getroffen.

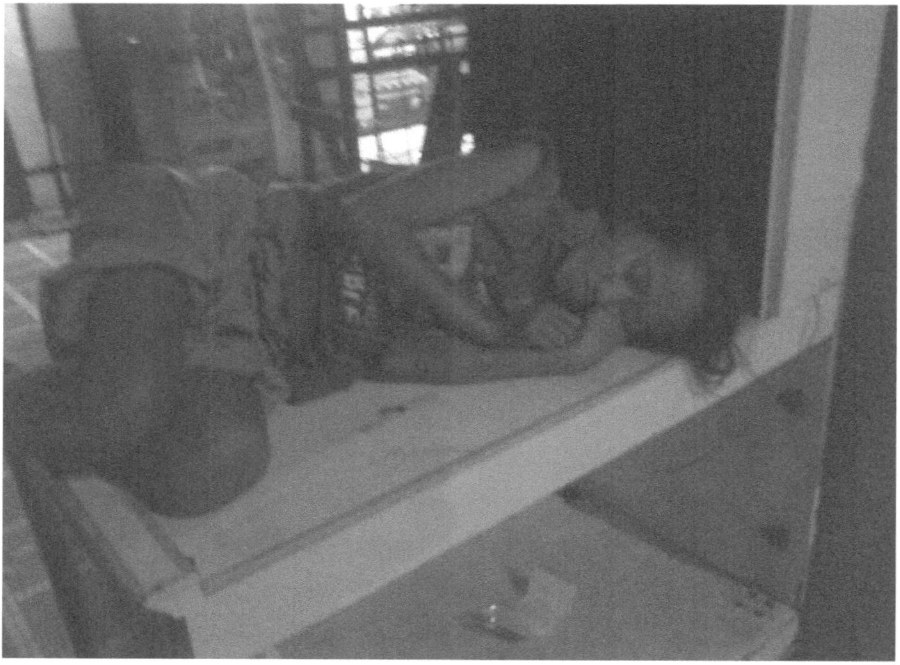

Also, dann war ich im Internetladen. Ca. fünfzehn Pesos für eine halbe Stunde. Dann bin ich wieder zurück an dieser Frau vorbei. Ihren ca. 2,50 qm großen Lebensraum, also Arbeitspatz, Schlafzimmer, Toilette, Dusche, Wohnzimmer und der Flur. Alles überdacht. Direkt vor meinem Hoteleingang. Wie betäubt bin ich dann in diese Karaoke Bar. Da kamen diese beiden Straßenkinder, so gegen 11.00 Uhr. Diesmal klappte es. Money für ein Foto.

Es sind Schatten in der Nacht. So soll es sein. Jetzt sitze ich hier und schreibe alles auf. Dann bin ich zurück in das Hotel. Zu spät darf ein Weißer hier nicht nachts auf der Straße sein. Morgens um fünf klingelte mein Telefon. Na, dachte ich, meine Ex kann es ja nicht sein. Es war Lee. Ein nette Frau, welche eine gute Partie sucht oder das schnelle Geld. Ich hab sie weggeschickt. So ist das hier. Mit Nähe und Distanz. Man muss sich nur auf alles einlassen. Nähe und Distanz. Geld. Macht. Abhängigkeiten. Auch sie, der Leser, übt jeden Tag diese Macht aus. Na ja, so ist das mit der Nähe und Distanz. Mit wirtschaftlicher Macht, welche die westliche Zivilisation besitzt, um Gewalt auszuüben gegenüber den Armen. Von dieser Verantwortung kann sich niemand freisprechen welcher die Möglichkeit hat diese Nähe und Distanz in sein eigenes Leben umzusetzen. Wenn jemand jemanden freispricht muss dieser die Judikative innehaben. In diesem Fall hat er sie nicht. Es gibt nur die sokratische Erkenntnis der inneren Stimme, des Gewissens. Dieses Gewissen lebt wohl als alleinige Institution aus der Wahrheit. Ihr Exegeten.

Eigentlich wollte ich nach meinen zwei Büchlein kein drittes mehr schreiben. Heute Mittag, als ich aufwachte, dachte ich: Stephan, du bist leer. Und jetzt schreibe ich schon wieder. Niemand liest diesen Scheiß. Aber da ich damit angefangen habe, bringe dieses Büchlein auch zu Ende. Morgen gibt es endlich den Besuch auf Smokey Mountain. Dabei ist Smokey Mountain auch hier, in dieser Straße, aber wahrscheinlich nicht so konzentriert. Der Verkehr und die Menschenansammlung hier ist mit dem Ruhrschleichweg und der Cranger Kirmes zu vergleichen. Immer 32 Grad, sichtbarer Smog und eine hohe Luftfeuchtigkeit. Was nehme ich mit? Dropstüte, Orangenpulver, Erdnüsse. Bei der Hitze muss man darauf achten, dass der Rucksack nicht zu schwer ist. Und natürlich Wasser. Am besten zwei. Keinen Geldbeutel , nur das Handy und etwas Cash. Wenn dieses Buch zu Ende geschrieben worden ist wird dieser vollnasse Schwamm wohl hoffentlich komplett ausgerungen sein. Gott! Ausgerungen, nicht niedergerungen. Oder doch beides?

Humm, die deutsche Sprache. Sie ist nicht so entstanden und gewachsen wie die englische oder französische Sprache. Diese Länder wurden immer zentral regiert. Selbst die Briten brauchten einen Shakesspeare um ihren einfachen Wortschatz aufzufüllen. Die englische Sprache kennt ca. 3000 Wörter, die deutsche Sprache ca. 10000 Wörter. Das ist in der Historie begründet. Die Landesfürsten regierten, obwohl es einen Kaiser gab, ihr Territorium. Natürlich in der territorialen Landessprache. Latein war dann die Sprache der Krawattenträger. Erst später vermischte sich alles zu der deutschen Sprache. Also ausgerungen. Ein Objekt und ein Subjekt. Wer ringt was aus? Was kommt nach diesen drei Büchern, welche eh keiner lesen wird. Gott ringst du mich aus? Odem, meine Atmung geht so lange, wie du es willst. Nicht gut wäre es, wenn ich dies selbst bestimmen könnte. *Was sorgt ihr euch über das Morgen, der heutige Tag hat an Plagen genug* Jesus NT. *Nicht eine Elle eures Lebens könnt ihr hinzufügen.* Jesus, NT.

Alle 100 Meter sieht man hier sogenannte Securities, meistens bewaffnet, in jedem größeren Laden, vor den Banken. Dort haben sie sogenannte Pumpguns. Beim Besuch muss eines Kaufhaueses muss jeder seinen Rucksack öffnen. Das Vorhandensein von wirklich alten Menschen ist umgekehrt proportional zu den Gesellschaften in den westlichen Ländern. Ich bin jetzt, ca. 21 Uhr, in ein billiges Foodrestaurant gegangen. Ich muss auf mich aufpassen. Das ist meine zweite Mahlzeit. Pizza, Suppe, Cola für etwa einen Euro. Draußen sitzt eine Frau mit ihrem 1 Quadratmeter großen Verkaufsstand. Offen 12 für ca. Stunden. Ich esse weil ich wirklich Hunger habe .Wie gehen diese Menschen damit um? Draußen sind ungefähr 90 Dezibel. Gerade hat sie etwas verkauft. Wieviel Peso Gewinn? Mein Geld ist um so mehr wert als sie es nicht hat. Da denkt der Leser an den Glücklichen, welcher eben den Jackpot von ca. 80 000 000 Euro geknackt hat. Humm. Wenn ich jetzt nach dem St. Martinsprinzip die Hälfte meiner Pizza ihr geben würde? Davor habe ich Angst. Es gibt diesen Absaugstrudel. Wenn Menschen nur aus Mitleid handeln würden? Deswegen nur Empathie,

Mitgefühl als Basis von Nähe und Distanz. So wie bei ihnen. Gerade kam die Wachablösung, ihr Mann. Nike Cappy und eine elektrische Zigarette. Geht doch.

Dieses ist der intensivste *Urlaub*, den ich je erlebt habe. Später habe ich zweimal geweint. Wie in Asissi. Ein Leben mit ihm?

12.11

Gestern Abend wurde es wieder spät. Ich war gegen 1 Uhr zu Hause. Dieses Hotel mit seiner Umgebung lässt einem keine andere Wahl früher einzuschlafen. Gegen 5.30 war dann an Schlaf nicht mehr zu denken. Ich brauchte eine Stunde um mich auf den Besuch von Smokey Moutain vorzubereiten. Zuerst war ich auf der Suche nach einem Kaffee. Schließlich fand ich diesen bei Jobilee. Jobilee ist die asiatische Antwort auf Mac Donald. Der Kaffee dauerte ca. 15 Minuten. Dieser kostete ca. 30 Pesos, also 20 Cent. Dann zurück in das Hotel. Dort gab es keinen Hotelsafe, also wurde mein Geldbeutel eingesehen und mit

Plastikfolie verschlossen und ich bekam eine Quittung. So geht das. Ich bin von den Einheimischen hier gewarnt worden dort nicht alleine hinzugehen. Da ich auf mich aufpassen muss, es ist ja sonst keiner da, habe ich beschlossen keinen Mopedcab sondern ein Safetaxi zu nehmen. Aber zuerst einmal zurück und gegessen. Und dann bin ich **ihm** begegnet.

Mein Essen kostete ca. 90 Pesos. Ich gab ihm das Wechselgeld. So viel zur Nähe und Distanz. *Die Armen habt ihr alle Tage.* Jesus NT. Diesen Slogan sollte sich die Unesco auf ihre Webseite schreiben. Bestimmt gehen viele von den Mitarbeitern in die Kirche. Humm. Dann hatte ich Glück. Ich erwischte einen jungen Taxifahrer welcher halbwegs Englisch sprach. Es musste ja erst einmal das Ziel erkannt werden und der Fahrpreis ausgehandelt werden. Für eine Hin– und Rückfahrt. Dieses hatte ich schon vorher entschieden. Im nach hinein war es die richtige Entscheidung. Es hätte sonst chaotisch ausgehen können. Gut, auf dem Weg dorthin kamen wir an einem sehr elitären Golfplatz vorbei. Neben dem Zaun schlafen dann die anderen Menschen. Wer keine Feinde hat, braucht keine Zäune. Na ja. Dann erreichten wir den Berg. Der Berg ist wirklich Tag für Tag mit Müll aufgeschichtet worden. Ein Begehen war nicht möglich. Das eigentliche Ziel meiner Reise war also nicht erreicht. Ich war traurig. Nach dem Aufwand. Ich weiß, dass es Smokey Mountain 2 gibt. Schaut auf You tube. Eigentlich hatte ich mir vorgestellt einige Stunden dort mit den Kindern zu verbringen. Jeden Tag für ein paar Stunden. Aber am 16.11 geht der Flieger nach Cebu. Bin ich deswegen jetzt gescheitert? Aber erstens kommt es anders und zweitens als man denkt. Der Mensch denkt und Gott lenkt. So ist dieser Teilabschnitt meiner Reise zu Ende und ich akzeptiere dieses. Dann warte ich halt auf Cebu. Dort soll es gefahrlos sein in die Slums hinein gehen zu können. Man wird sehen.

Wellpappe ist wetvoll..

Die Kids kamen von Smokey Mountain 2

Ihre Wohnung und ihre Arbeit

Die nächsten drei Tage werde ich versuchen mich etwas zu erholen. Alles sacken lassen. Sich fallen lassen in diesen gigantischen Moloch von Lärm, Hektik, Schmutz und Hilflosigkeit. Wer dieses nicht erlebt hat wird dies nicht nach empfinden können. Ich denke, dass die Menschen hier in diesem Gulag zurechtkommen würden wenn sie genügend Geld hätten. Dazu kommt diese typische filippinische Mentalität, ihre positive und freundliche Lebenseinstellung. Sie wirken freundlicher, offener und unbeschwerter. Morgen ist Sonntag. Die Philippinen sind neben Polen das wohl traditionellste katholische Land. Man sieht hier mehr Marienstatuen als das Kreuz. Maria, so macht es hier den Eindruck, wird ebenso verehrt wie Jesus. Es gibt drei Stellen im NT wo er mit Maria spricht. Die erste Stelle, als er ausgebüchst aus einem Tempel geholt wurde. *Wusstet ihr nicht, dass ich im Hause meines Vaters ...* Die zweite Stelle war bei seinem ersten Wunder, Wasser in Wein. Er sagte zu Maria: *Weib, was habe ich mit dir zu schaffen?* Die dritte Stelle geschah unter dem Kreuz. Es standen Johannes, sein Jünger, und Maria unter dem Kreuz. *Weib, siehe dein Sohn. Sohn, siehe deine Mutter.* Warum dann diese Verehrung? Mutter Gottes? Wie kann man Maria als solches bezeichnen. Selbst Mutter Jesu hätte er nicht gewollt. Aber sie ist die Mutter von Gott?? Mutter Gotes???????

Jetzt schreibe ich etwas, was man „sich outen" nennt. Ein Verleger schrieb mir einmal, dass mein zweites Buch außergewöhnlich ist. Meine Meditation über das Matthäusevangelium benannte er als anders, nicht erbauend oder theologisch- wissenschaftlich.

Unterbrechung. Gerade war ein ca. sieben jähriges Mädchen an meinem Tisch. Sie war sehr freundlich, barfuß. Ich gab ihr Geld. Sie sagte: Danke. Ich könnte mir vorstellen hier zu leben. Weiter zum Outing. Als Verleger muss er sich bei Beurteilungen von Büchern auskennen. Wenn aber das Buch außergewöhnlich wäre dann wäre auch der Autor außergewöhnlich. Außergewöhnlich bedeutet aber nichts anderes als außerhalb der Norm zu stehen. Außerhalb der Gewöhnung. Man wäre also allenthalben ein Querdenker. Mehr nicht. Jedenfalls habe ich keinen Ghostwriter. Gerade waren wieder ein paar Pesos weg. Eigenartig, dass die diese Kinderaugen irgendwie ehrlicher , direkter und selten auch offener sind als die von den Erwachsenen hier. Bin ich deswegen gekommen? Ich musste gerade wieder hinzu lernen. Ein Mädchen war da. Gegen 22 Uhr. Die Animier Ladys, drei an der Zahl, saßen an meinem Tisch. Sie hatten vom ihrem Chef Reis mit Bolognese ausgegeben(?) bekommen. Eine Lady bot dem kleinen Mädchen die Hälfte ihrer Portion an. Vielleicht kannte sie aus persönlicher Erfahrung diese Situation. Jedenfalls sagte das Mädchen: Nein. Und ging. Ich wurde dann aufgeklärt, dass die Kids das Geld manchmal zum Zocken brauchen würden. Diese Kinder haben keine Eltern oder solche, welche ihnen kein geregeltes Zuhause bieten können. Wo liegt dann das Problem? Das etwas an Pesos für` s Internetcafe zum Spielen? Na ja. Wenn man eine Reise tut dann kann man viel erzählen.

Die 100 Peso Frau kam mit ihrem ca. einjährigen Kind wieder in diese Bar. Dies ist eine Bar nach amerikanischem Vorbild. Kein Wunder, nachdem die Amis die Japaner aus dem Land gejagt hatten und dann diesem Land ihre Doktrin aufgedrückt hatten. Gut. Ich saß auf demselben Platz. Sie hatte mich sofort fixiert. Diesmal war ihr Blick fordernd, stolzer. Bei mir war es Scham. Gelebte Nähe und Distanz. Ich gab ihr einen Geldschein. Zufällig war ein wandernder Erdnussverkäufer auch im Laden. Sie kaufte sofort ein Päckchen und gab es ihrem Kind. So ist das mit dem Wert des Geldes.

Ich brenne. Brennst du auch, Papst Franziskus? Zieh deinen weißen Umhang aus, mit dem du dich und deine Anhänger täuschst. Deine roten und purpurnen Paladine täuschst du nicht. Nicht in dem du es tust sondern indem du es nicht tust. Verstehst du dieses?

Deine Paladine. Sie führen die Botschaft Jesu zum ab absurdum. Kennst du die Stelle im NT, wo es um das Scherflein der Witwe geht, wo Jesus von den Schriftgelehrten spricht, welche immer in der ersten Reihe sitzen und den Menschen sagen wie sie ihren Glauben leben sollen, ihn selber aber nicht praktizieren. Diese Paladine verkünden zwar die Botschaft Jesu, leben sie aber nicht. Sie betreiben und leben eine hilflose, zerstörende und verantwortungslose Verehrung deines Personenkults, Franziskus. Sie und du tragt diese Verehrung deines Personenkults in diese Gesellschaft. Zieht eure teuren Designerroben aus, verlasst eure Luxusherbergen und kommt für 2 Wochen hier nach Manila. Oder in einen anderen sozialen Brennpunkt. Auch diese haben dann dieselben Toiletten, wie hier gezeigt. Schaut für 100 Pesos einer stinkenden Frau mit ihrem Kind, bettelnd nachts um 1 Uhr in einer Karaoke Bar in die Augen, Franziskus. Aber dies könnt ihr nicht. Und dies aus zwei Gründen.

Erstens: Ihr wollt es nicht, denn eure Designerroben beschämen euch hier. Und das ist der zweite Grund, ihr würdet sie nie ausziehen. Kleider machen halt Leute. Aber mit diesen Roben habt ihr euch den Zugang zu den *Geringsten unter euch* selber versperrt. Das ändert auch nicht dieser Unsinn der päpstlichen Fußwäsche an den Ostertagen, medial geschickt inszeniert. Als Oberflächlichkeit. Wenn ihr aber, wie gehabt, in euren bunten oder weißen Roben in der Business Class, mit euren Security Menschen und den anderen Anhang, für viel Geld, in den Flieger euch setzt, wird der ortsübliche Paladin euch schon gebührend empfangen. Softly. Und euer Vorturner wird natürlich von irgendeinem Landesdespoten hier softly empfangen. Immer Friede, Freude, Eierkuchen. Alles Amts – und Stilgemäß .Dieses kotzt mich an. Die Steine fangen an zu schreien. Nicht der Eierkuchen. Ja, das Volk, das Einfache, ich meine nicht die Speichellecker hinter einem Marcos oder Duerte, fällt natürlich in Ekstase. Das ist doch das Schöne an so einem Besuch, Vorturner, dass du dir dessen schon vorher gewiss sein kannst. Wenn ein Volk in Ekstase fällt, kann es leichter geführt oder verführt werden. Franziskus, kennst du nicht die Stelle im NT, wo Jesus zu seinen Jüngern sagt: *Niemand sei euer Rabbi.* Willst du nicht zu diesen Jüngern gehören, vielleicht weil du sein Stellvertreter bist oder benutzt du dieses Massenphänomen, wenn eine Menschenmasse einen einzelnen Menschen verehrt? Wie dich. Genau das wollte Jesus nicht. Er hat immer von sich auf den Vater verwiesen. Immer, wenn das Volk ihn zu stark verehrte, zog er sich zurück. Würdest du und deine Paladine den Menschenmassen ebenso gegenüber auftreten wie Jesu wäret ihr am Beginn seiner Botschaft. Und den Beginn Jesu Botschaft kann man nicht zelebrieren, nicht so aus der Wahrheit und der Liebe. Nur aus Hilflosigkeit. Ihr müsst die Menschen gewinnen, welche der Kirche ihren Rücken zugekehrt haben. Und dieses gelingt nur aus Liebe und aus der Wahrheit.

Gehen wir kurz in die Geschichte der Päpste. Petrus, der Fels. Jesus erwählte ihn. Er sprach nicht von Nachfolgern durch die Wahl von Menschen. Danach gab es jahrhundertelang keinen Habemus Papam. Keine Heiligkeit. In dieser Zeit wurde die Kirche wirklich durch den heiligen Geist geführt. Märtyrer, Heilige und das sich bekennende Volk. Dann, als eine Machtorganisation daraus wurde, musste ein Führer her. Auch aus kanonischen Gründen. Kontrolle von Irrlehren. Machtkontrolle. Damit fing das Drama an. Anstelle diese Organisation im Geiste eines Mahatma Ghandi zu leiten setzte man auf personelle Machtstrukturen .Übrigens hat Paulus dem Petrus in einer Frage der Glaubensführung von Angesicht zu Angesicht widersprochen. Niemand wird deswegen dem Paulus Häresie unterstellen. Na, vielleicht die sogenannte päpstliche Inquisition.

Hier das Zitat Mahatma Ghandi, die große Seele

Ich verstand die Lehre vom Nichtbesitz in der Bedeutung, dass wer Erlösung wünscht, sich wie ein Treuhändler verhalten sollte der, obwohl er die Kontrolle über große Besitztümer hat, nicht einen Deut als Eigentum ansieht. Es wurde mir klar wie der Tag, dass Nichtbesitz und eine Wandlung des Herzens eine Wandlung der Haltung voraussetzt. Mahatma Ghandi

Ich möchte jetzt nicht weiter auf die dunklen Seiten der Päpste und ihrer Paladine eingehen. Da mag jeder nachlesen. Borgia und Sixtus und Co. Es geht mir auch nicht um diesen wahnsinnigen Reichtum Der Reichtum eines süddeutschen Paladins beträgt 5 500 000 schlappe Euro. Plus jährlicher Kirchensteuer, welche der Staat für diese dort Kirche eintreibt. Das ist sozusagen eihr jährlicher Jackpot. Kindergärten werden zum größten Teil aus der öffentlichen Hand finanziert. Krankenhäuser dealen mit den Krankenhäusern. Nein, es geht mir um diese Aussage Ghandi. In dieser 2000 Jahre alten Geschichte gab es immer Querdenker. Nur die wurden, spätestens nach ihrem Tode, in ihrem Gedankengut dieser Maschinerie einverleibt. Durchgeknetet, bis es wieder so wie vorher war. Die wirklichen positiven Veränderungen wurden immer von außen in diese Kirche hineingetragen. Aufklärung. Wissenschaft. Die Führung der Kirche hinkte immer auf zwei Beinen mit zwei Krücken diesen Entwicklungen hinter her. Aus der Angst getrieben **ihren** Einfluss, und damit meine ich nicht den Einfluss des Heiligen Geistes, zu verlieren. Der Heilige Geist weht wo er will. Ob er bei Luther auch gewirkt hat mag der Leser selber beurteilen. Luther hat sich nie gegen die Religionskriege vehement gestemmt. Kriege wurden päpstlicher Seite angeordnet. Kinderkreuzzüge. Machtdespoten holten sich ihren Segen in Rom ab. Machtpoker. Einer teilte die Welt auf einem Globus in zwei Sekunden in eine spanische und eine portugiesische Welt. Zum Schluss gab es noch diese dicke Tiara. Ein Papst, getragen auf einem goldenen Sessel durch seine jubelnden Anhängerschaft gab sie dann ab. Da war die Chance, nach dem Abgesang weltlicher Macht, neu anzufangen. So werden diese Kirchenfürsten immer wieder der Geschichte hinter her hecheln.

Die letzten Worte Franziskus spiegeln sein Scheitern und seine Ängste wieder. Ebenso hatte Mutter Theresa solche Ängste. Scheitern, Einsamkeit. Kerzen, welche geleuchtet haben und dann abgebrannt sind. Selbstaufgabe und Scheitern. Aber von den Paladinen hinterher verramscht. Nach ihrem Tod. Das beste Beispiel ist diese hässliche Basilika, welche diese Kirchenbonzen über Franziskus kleine Kapelle aufschichten haben lassen. .Portiuncula. Oder diese grausame Inszenierung des Fichtensarges vor dem Petersdommonument. Aufgebahrt in einer prunkvollen Umgebung, für diese mediale Welt. Grausam. Was wollte der Pole damit sagen? Er hätte es vor seinem Tode tun sollen! Dieses telegene Bild hat mich frösteln, erschaudern lassen. Grausam inszenierte Hilflosigkeit. Trauer? Warum? Er ist doch jetzt da wohin er immer wollte. Quo Vadis Franziskus? Ich mag nicht mehr weiter schreiben über die damaligen Paladine. Nur die Steine beginnen bald an zu schreien. Ich kann es hören.

Wo oder wann kam er, der Heilige Geist? Nicht bei euch, den Paladinen. Er ist da. Ich sehe ihn. In jedem Menschen, der ihn sucht. Und nicht in denen, welche von sich behaupten, von ihm geführt zu werden. Geschweige, ihn zu besitzen. Natürlich behauptet es ihr nicht. Ihr setzt voraus, dass dies stillschweigend so ist. Pervers. Dieser Geist ist so universal, und kann deswegen nicht als eigenen Besitz verstanden werden. Ihr Paladine, bevor in diese Kapelle mit den schönen Bildern eure Klausur abhaltet kommt vorher auf diesen Müllberg in Manila oder Cebu. Der Heilige Geist ist an keinen räumlich/zeitlichen Ort gebunden. Er ist Gottes Geit. Baut euch dort drei Hütten aus Wellpappe. So wie es Petrus es euch aufgezeigt hatte. Schaut, ihr *Paladine*, Petrus war unumstritten der erste Stellvertreter Jesu. Jesus hat übrigens dieses Wort nie benutzt. Er hat nur gesagt, *Was du binden wirst, .das...* Was hat Petrus denn gebunden auf Erden? Ihr Exegeten? Dann macht es ihm gleich und kommt mit euren Roben hierhin. Müll zu Verbrennen ist amtlicherseits erlaubt. Ja, ich weiß, das geht nicht so. Eure Roben machen dies unmöglich. Das bedeutet aber, dass der Heilige Geist nur da wirken kann, bei der Klausur, wo ihr eure Körper hin tragen könnt. In diese Kapelle. Ihr beschneidet das Wirken des Heiligen Geistes. Den räumlichen Ort seines Wirkens. Ich kenne das Gegenargument. Aber dieses Gegenargument macht euch, die Paladine, unfrei. Ein Vorgehen, nach meinem Vorschlag, würde nämlich euer Ansehen in dieser medialen Welt beschädigen. Das zeigt eure Abhängigkeiten auf. Und in diesen Abhängigkeiten kann der Heilige Geist nicht wirken. Ich spreche euch bei eurer Klausurtagung diesen heiligen Geist ab. Und damit auch die Legitimität des nächsten sogenannten Stellvertreter Christi. Er käme ja aus eurem Kreis. Also bewegt euch hierhin und brennt! Macht euch keine Sorge um das Weitergehen zu Hause. Außer, das vielleicht Menschen in eure Fußstapfen treten und diese womöglich dann breiter treten werden. Ihr könnt natürlich auch unerkannt, also ohne eure Roben kommen. Wie dieses dann medial zu bewerkstelligen wäre kann ich nicht beurteilen. Aber solltet ihr kommen, auf diesen stinkenden Müllberg, voll von einfachen und wunderbaren Kindern, kann ich euch versprechen dass ihr sehr schnell zu einem Wahlergebnis kommen werdet. Denn es gäbe kein Wahlergebnis. Und das wäre der Neubeginn. Eine Änderung des Herzens durch Änderung der eigenen Haltung! Dasselbe rate ich auch der evangelischen Ratssynode oder anderen religiösen Hügelgemeinschaften. Diese Kinder geben euch Inputs. Umsonst. Für 100 Pesos auch eine Umarmung. Danach werdet ihr dasselbe Problem haben wie ich. Also, zuerst muss man sich entscheiden dorthin zu fahren. Dann muss man es aushalten und sich entscheiden wieder zurück zu fliegen. Ihr Paladine, ihr wisst, worüber ich jetzt schriebe, nicht wahr? Ich meine dich, Franziskus, auch. Ja und dann, **zu Hause,** muss man sich entscheiden wieder dorthin zurück zu kehren. Nicht um zu verändern. Wenn man verändern will, muss man sich selber ändern. Dann ändert man was. Sich selber. Das wisst ihr, Paladine und Franziskus.

Sich selbst zu befehligen ist die größte aller Herrschaften.
Marc Aurel

Heute Morgen war Waschtag. Es gibt ja diese portionierten 10 Gamm Tüten. Beim Duschen alles in einen Eimer mit Heißwasser . Einkneten und Einweichen lassen. Früher, beim Trampen, in der Herberge, besorgte ich das beim Duschen. Die Füße können dabei schön kneten. Gut. Dann sauber spülen und aufhängen. Aufgehängt und vor das Gebläse gestellt. So einfach kann Reisen sein.

Es ist hier wie mit dem Essen. Ich bin in der Mitte zwischen Arm und Reich.

Danach wieder in den Internetladen. Ein Hot Dog und eine Cola. Auf dem Rückweg bin ich wieder diesem Mann auf der Treppe begegnet. Einen Geldschein. Ich muss ja für das Foto bezahlen. Vielleicht wird es ja das Bild des Jahres. Dann muss ich in jedem Fall zurück. Das wären dann viele Euros für ihn. Heute habe ich genug geschrieben.

Die Bestätigung meines Fluges nach Cebu ist da. Das war nicht so sicher .Gut. Am 16.11 geht es für ca. 19 Euro von Manila nach Cebu.

Mit meinem Geld komme ich gut hin. Auch das ist hier nicht so selbstverständlich. Die Frau, ich nenne sie die 100 Peso Frau, war wieder da. Diesmal hat der Kleine nur ein paar Beutel Smarties bekommen. Sie hat sich bedankt. Die kleine freche Göre mit den Grimassen war auch wieder da. Sie auch Smarties. Geld gebe ich nur noch einer Lumpenfrau mit vier Lumpenkindern, zum Beispiel. Ich freue mich auf Cebu. Die 2,5 qm Frau ist, seit dem letzten Foto nicht mehr da. Ihr Stand ist noch da. Da es hier kein Hartz 4 und keine gesetzliche kostenlose Krankenversicherung gibt muss sie wahrscheinlich krank sein. Vielleicht auch ein anderer Grund. Fällt eh keinem auf, bis auf ihren Ladennachbarn. Übrigens, die deutsche Tierschutzverordnung schreibt vor, dass einem deutschen Schäferhund 10 qm Lebensraum zur Verfügung stehen muss. So ist das. Hier und da und da und hier.

14.11

Heute Nacht ging es mir nicht so gut. Obwohl ich früh zu Bett war hatte ich Kopfschmerzen und Darmschmerzen. Es ist dieser stetige Wechsel zwischen Räumen mit Aircondition und der Außenwelt. Man geht verschwitzt in einen kalten Raum. Deswegen habe ich immer ein Unterhemd an. Die Toilette war natürlich verstopft. Durchfall. So ist das. Die Abflussrohre sind zu klein dimensioniert. Na ja. Die Brause und die Dusche haben es gerichtet. Dann warten bis es mir besser ging.

Der Verkaufsstand der 2,5 qm Frau ist inzwischen zusammen gepackt und beiseite geräumt worden. Er wurde aber nicht gestohlen. Absprache oder Arbeitsverlust?. Als ich sie das letzte Mal sah, bevor sie schlief, lief sie irgendwie durcheinander hin und her. Starrer Blick . Wie durch den Wind. Selbstredend, ohne ihre Außenwelt wirklich als wahr zu nehmen. Hier, auf dieser mainroad, laufen tagsüber mehr Leute von rechts nach links und von links nach rechts als auf dem Bochumer Weihnachtsmarkt. Bin ich denn der einzige, dem das hier aufgefallen ist? Viele Standbetreiber arbeiten und schlafen hier. Im sichtbaren Smog, bei 32 Grad und 90 Dezibel. Und nicht alle scheinen unglücklich dabei zu sein. Es ist halt dann die kommende Situation wenn sie älter werden und alleine sind. Dann beginnt das Abdriften Die 2,5 qm Frau habe ich auf Ende 40 geschätzt. Das ist, gemessen an dem Alter der anderen Standbetreiber, schon alt. Wenn sie alleine lebt wird es irgendwann bergab gehen. Eigentlich ist dieser Ausdruck – bergab – falsch gewählt. Sie lebt schon auf der Talsohle. Vielleicht hat sie auch Durchfall. Aber bestimmt keine verstopfte Toilette mit Dusche, als Frau. Ich denke weder noch. Na, so ist das eben. Mit jedem hat Gott eben seine spezielle Idee. Das Thema meines ersten Buches. Morgen steht der Abschiedstag an. In Cebu werde ich dieses Büchlein zu Ende schreiben. Aber der Inhalt und die Aussage wird eine andere sein als bisher geschrieben. Von dieser 2,5 qm Frau habe ich viel gelernt. Oder besser formuliert, lernen müssen. Als Esel. Sie ist eine von den Heiligen auf dieser Erde, von denen ich in meinem zweiten Buch geschrieben habe. Sie, die Heilige und ich der Esel.

Auf diesem Bild sieht man keine zwei Esel. Nur einen, und der bin ich. Dem Leser fällt sicher auf, dass dieser Esel auf der halben Strecke stehen bleibt. Er geht nicht weiter. Er stoppt. Aber auf diese Brücke muss er aber gegangen sein. Es ist kein Ziel auf der anderen zu sehen.

Zur allgemeinen Aufklärung. Auf der anderen Site war diese 2,5 qm Frau. Ich, der Esel, konnte nicht mehr rechtzeitig auf sie zu gehen. Denn am nächsten Morgen war sie weg. So ist das, mit dem Esel. Sie glauben gar nicht, wie viel zivilisierte westliche und auch östliche Esel es noch gibt. Wussten sie eigentlich, dass Esel monogam sein sollen?

Der Bettler saß in zwischen auch wieder auf seinem Platz. Das war gut, denn ich muss ja dieses Bild abbezahlen. Er döste in der Mittagshitze. Seinen leeren Plastikbecher neben sich mit geöffneter Hand. Das geht auch im Dösen. Natürlich könnte ich ihm mehr Almosen geben. Den Begriff Almosen kennen sie? Wikipedia kann da keine genaue Herkunft aufzeigen. Dieses Wort muss uralt sein. Aber es gibt den Unterschied zwischen Almosen und einer Spende. In meinem ersten Buch habe ich es definiert. Matthäus Evangelium , das Scherlein der Witwe. Aber wenn ich ihm *zu viel Geld* gäbe würde es vielleicht seinen, durch das Betteln, strukturierten Alltag durch einander bringen. So ist das tägliche Betteln sein täglich Brot. Übrigens werden allein in Deutschland im Jahr ca. 500 000 Tonnen an Brot entweder weggeschmissen oder verbrannt. So ist das. Na ja. Humm, gerade wieder drei Straßenkinder. Ich sitze also seitlings in der Karaoke Bar an einem Metallgitter welches die Absicherung zur Straße bildet. An der Ecke stand ein fünf jähriges Mädchen. Dieser alte weiße Mann . Sie war scheu. Was macht dieser Mann da? Ohne Mädchen und nur am Schreiben und nicht am Singen. Ich lächelte sie an. *Ein Lächeln schafft Vertrauen.* L. v. Beethoven. Sie kam und bekam Smarties. Es gibt also die schönen Seiten hier. Alle Wege kreuzen sich.

15.11

Heute ist der letzte Tag in Manila. Montezuma hat mich noch immer. Die Nacht war schon besser. Vier Stunden Schlaf aber morgen geht der Flieger. Danach um sieben Uhr aufgestanden und die letzten Impressionen von hier, diesem Babel, fotografisch aufzufangen.

Eine jüngere Frau mit ihrer Habe und ihrem Bett. Was hat sie in ihrer Hand?

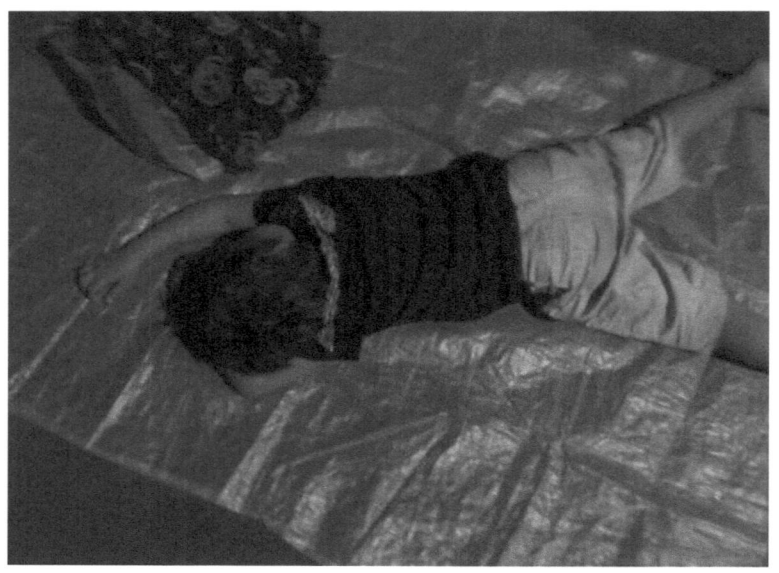

Irgendwo ein Kind.

Umweltfreundlich , selbstständig und nicht arbeitslos. Muss sich dem Verkehr anpassen. Lance Armstrong läßt grüßen. 360 Tage.

Brüderchen und Schwesterchen. Süß oder? Kinder, einer Verkaufsstandfamilie.

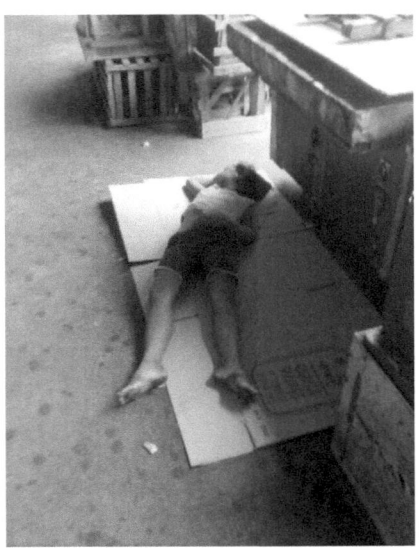

Suchen sie ein Kind. Die gibt es hier umsonst. 20 Sekunden mit einem Auto. Schwups. Sie ist gestreckt. Sie schläft tief, es ist 8.00 Uhr.

Die heilige Familie.

Hier wohnt die Familie eines Müllhändlers.

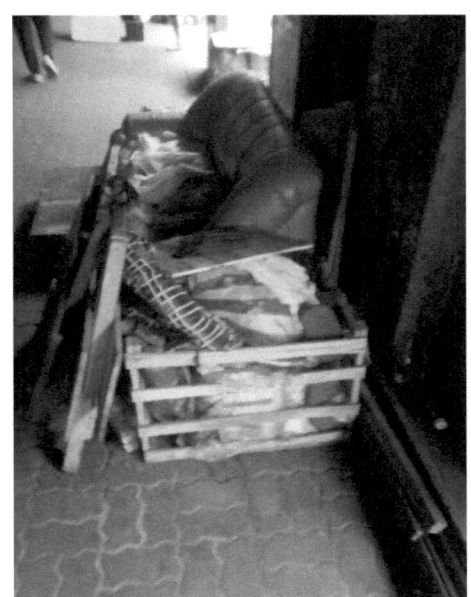

Ein Premium Schlaf – und Arbeitsplatz

Mit oder ohne Familie ? Ich weiß es nicht.

Morgen geht es dann nach Cebu. Cebu ist bei weitem nicht so groß wie Manila. Habe meine Emails noch mal gescheckt. Das Hotel Mayflower ist endgültig reserviert. Die Bestätigung liegt vor. Nach diesem Fotoshooting ging ich noch einmal auf einen Kaffee und einen Hot Dog essen. Dies war meine einzige Mahlzeit heute – Montezuma. Danach ungefähr zwei Stunden gedöst und dann noch einmal in den Internetladen. Kurz noch einmal Besorgungen in der Mall erledigen. So nennen sie hier das Einkaufszentrum. Danach wieder zurück und vier Stunden geschlafen. Dann war der Kopf wieder frei. Also ohne Aspirin, geht doch. Ich **muss** morgen nach Cebu! Ach so, der Bettler auf der Treppe , wohl ein letztes Mal. Es war 8.30. am Morgen. Er döste. Ich habe ihn berührt. Er schaute mich an. Ob er mich wieder erkannt hat weiß ich nicht. Seine gebrochenen Augen signalisierten ein Ja. Diese Manila Reise ist schon eine Nummer. Auch für mich. Kein Bifi, sondern ein Uhu. Ein Bifi ist der welcher bis vierzig Jahre alt ist. Und ein Uhu? Na raten sie mal. Ich habe hier in der Zeit nur drei weiße Menschen getroffen. Einen abgewrackten, ungepflegten alten Mann mit leeren Augen. No Money, no Honey. Den zweiten habe ich in der Karaoke Bar getroffen, um die 40, mit einer jüngeren Filippina. Er schien seine Strukturen zu haben. Die dritte war eine jüngere weiße Frau mit ihrer Gitarre. Sie verteilte Visitenkarten. Diese Idee behalte ich für mich. Ob dieses Geschäftsmodell hier zum Erfolg führen wird wage ich zu bezweifeln. Diese Stadt kann einen Außenstehenden ganz auffressen. Das habe ich verstanden und ich werde dies mit nach Herne in meinen Rucksack mitnehmen. Also werde ich weiter auf der Suche nach mir selbst sein. Gerade kam wieder dieses liebe Grimassenmädchen um die Ecke und machte Grimassen. Wir feixten. Mit den Händen vor dem Gesicht, nachts. Humm. Sie blieb aber auf zwei Meter Distanz oder Nähe. Suchen sie sich das aus. Dann ergriff ich die Initiative. Das wollte sie so. Frauen, Mädchen. Ich griff in meinen Rucksack und nicht in meine Hosentasche wo normaler weise die Geldbörse sitzt. Neugier bei einem Mädchen wecken. Ich legte meine beiden Fäuste auf den Tisch. Sie wählte und diese Hand war leer. LOL. Sie war nicht enttäuscht. Denn plötzlich kam ihre Freundin oder ihre Schwester aus einer anderen Ecke. Sie nahm die andere Hand. LOL. Danach hatte ich beide Hände voll. Sie wählte und bekam Smarties. Kurz eine Grimasse und bevor sie verschwand zeigte ich ihr die andere volle Hand. Kurze Ätsch-Grimasse und dann war sie weg. Es war doch schön, Leser, oder? Mehr geht nicht. Spiel mit den Schmuddelkindern.

Haben sich diese 900 Euro für die Flugkosten gerechnet bzw. gelohnt? Dazu kommen die 350 Euro für die Hotels. Als die Frau Jesus seine Füße mit teurem Öl salbte schimpften seine Jünger. Mit diesem Geld hätten wir sehr vielen Armen helfen können! Wer wissen will wie dieser Disput ausging mag es nachlesen im NT.

Ich bin wieder zurück ins Hotel.

Nachts um 2.39 . Auf dieses Foto bin ich stolz. Das Foto eines Straßenkindes. Nachts aufgenommen. Es war reiner Zufall! Er kocht was.

Zubereitung seiner warmen Mahlzeit. Vielleicht eine Instantsuppe. Er friert. Sein Bett um seine Schultern. Gut, dass es jetzt nicht regnet.

Ich bin wieder zurück in das Hotel. Und dabei habe ich was Schönes erlebt. Der Stand dieser 2,5 qm Frau war wieder aufgebaut. Dann sah ich sie! Sicher im Schritt. Wie verwandelt. Sie ging dann in eine direkte dunkle Seitenstraße, wo auch ich ihr nicht folgen konnte. Da bin ich in Manila nicht sicher. Obwohl ich meine Designerrobe nicht trage. Ob sie morgen wieder an ihrem Arbeitsplatz schläft? Das würde dann mein letztes Foto hier in Manila sein.

16.11

Es war mein letztes Bild. Ich hatte dieses Foto geschossen als ich mit dem Gepäck aus dem Hotel kam. Während ich es tat wachte sie auf und lächelte. Ich erschrak und schämte mich. Es war ihre Intimsphäre. Aber sie lächelte mich an. Ich stand da wie ein Esel, der über diese Brücke ging. Ich gab ihr einen Geldschein welchen sie sorgsam unter ihrem Schmuddelkleid versteckte. Danach schlief sie ein. Ich ging zum Taxistand. Wie betäubt. Nähe und Distanz. Sie gab mir mehr. Es ist mir scheißegal ob dies jemand versteht. Und meine Ausdrucksweise hier ist mir auch scheißegal. Ihr lieben Lektoren. Exegeten. Gleichgültigen. Ihr von euch selbst überzeugten. Oder sonst wer.

Das war nach dem Lächeln. Sie schlief ein und ich ging. Distanz und Nähe wurden entrückt. Aber sie hat einen neuen Arbeitsplatz. Grösser. Einen Quadratmeter grösser. Siehe Gott, deine Idee!

Chaos am Terminal 4 in Manila. Bei diesem Flughafen sind die Terminals weit voneinander entfernt. Mein Trolli wog 0,3 kg mehr als 10 kg. Abzocke. 800 Pesos futsch. Der Taxifahrer wollte auch 100 Pesos mehr. Er müsste kochen für seine Kinder. So ist das hier. Muss da mal seine Frau fragen. Der Flieger hat dann eine Stunde Verspätung. Na ja. Ich hatte ja eh keinen Anschlussflug. Taxi in Cebu und dann in das Hotel. Ein einfaches und ruhiges Hotel. Ohne europäische Steckdosen. Da war nur eine für die Klimaanalage. Einen Adapter auf Wunsch geordert gab es nicht. Also Handy und Rasierapparat im Wechsel mit der dann ausgeschalteten Klimaanlage aufladen. Beim Verlassen des Hotels ging das nicht. Der Schlüssel musste beim Verlassen aus einer

Steckvorrichtung gezogen werden welche dann den gesamten Stromfluss im Zimmer unterband. Naja. Auch das geht vorbei.

17. 11

Heute ist Ruhetag. Den musste ich mir selber verordnen. Heute Mittag drei Stunden geschlafen. Punkt. Dann die Bank, Internetladen und die billigen Restaurants gecheckt. Dies folgende muss noch niedergeschrieben werden. Zwei Ereignisse. Das eine Ereignis ist heute Morgen passiert. Das andere Ereignis soll am Ende dieses Büchleins dokumentiert werden. Da ich gestern nur wenig gegessen hatte wollte ich auf zwei Cheeseburger nach Mac Do. Außerdem hatte ich vergessen für die Nacht Wasser im Hotel griffbereit zu haben. Crazy! Ich dachte Cheeseburger und Cola gehen immer. Pustekuchen. Erst ab 10.30 Morgens. Ich bin dann in das gegenüber liegende Jobilee. Dort gab es Ananassaft und Spaghetti. Und eine Zeitung , welche man da lassen musste. **Da fand ich dieses Bild!**

Garbadge Dump Cebu.

Es sind Kinder. Wo hast du mich hingeschickt, Gott? Die nächsten Bilder werden mich dieses Buch anders zu Ende schreiben lassen. Ohne Lektoren , ohne einen ängstlichen Verleger. Not falls drucke ich es selbst. Und lege es aus ohne dass ich mir von irgendjemanden juristisch was vorschreiben lassen muss. Persönlichkeitsrechte! **Dieses Wort kotzt mich an!** Der Ausklang dieses Buches wird die Polarität zwischen Dekadenz, Gleichgültigkeit der sogenannten zivilisierten Menschengesellschaft sowie dem Identität – und Auftragsverlust der Kirchen im Gegensatz zu den Geringsten dieser medialen Weltgemeinschaft zum direkten Auftrag haben. Dieses Büchlein wird die Dekadenz, die Gleichgültigkeit, die arrogante Selbstüberschätzung **aller** Führungselitären, der Kirchen insbesondere bloßlegen. Denn diese Führungseliten haben es sich auf ihre Fahnen geschrieben ihre Anhänger, ihre Gefolgsleute, oder wie soll ich diese Menschen nennen, zu führen, zu leiten, anleiten, anführen. Verführen? Verleiten?

Ich war Bauleiter. Ich war kein Bauführer. Früher gab es, aus Gehaltsgründen, diesen Unterschied. Ich überlasse es dem Leser, zu beurteilen, welcher Rang höher eingestuft wurde. Wer meint eine Baustelle leiten zu können der meint auch, dass ein Zitronenfalter Zitronen falten kann. Na ja. Es gibt zweierlei Arten eine Baustelle zu leiten. Entweder gab man Anweisungen oder man leitete seine Mitarbeiter an selbst die richtigen Entscheidungen treffen zu können. Welche von beiden Möglichkeiten ist wohl die Lösung mit dem größten Erfolg? Dazu braucht der Bauleiter die sogenannte Bodenhaftung. Ich habe einmal eine gefräste Straße mit dem Besen von Hand reinigen lassen. Ich habe auf den Saugwagen verzichtet. Wissend, dass bis zur Rückkehr der Sattelschlepper von der Mischanlage, wo sie das Fräßgut abkippten, sie ca. drei Stunden brauchten um mit Asphaltmaterial zurück zu kommen. Eine Fahrbahnhälfte. Fünf Mann versetzt mit Besen und Schaufel. Ich auch. Der Polier nicht. Geht doch. Ja ihr, diese Paladine in den roten und purpurnen Designerroben habt diese Bodenhaftung verloren. Ihr seid, *Vom Winde verweht.* Zu leicht, gezählt, gewogen und als zu leicht befunden. Eine besondere Art von Menetekel. Ihr seid nicht aus der Wahrheit, weil ihr die Wahrheit fürchtet. Ihr seid nicht aus der Liebe, da ihr nicht die Geringsten dieses Menschengeschlechtes sucht. Deswegen, Kardinäle, könnt ihr auch nicht die Herzen der Menschen, welche verirrt sind, in körperlicher oder seelischer Art, erreichen. Ihr feiert euch nur unter seinesgleichen in den Kirchen. Welche Wahrheit lebt ihr vor? Ihr seid wie die Schriftgelehrten welche Jesus im Beispiel mit der Witwe mit dem Scherflein aufgezeigt hatte .Auch sitzt ihr, wohlgenährt und zufrieden, in der ersten Reihe bei den kirchlichen oder gesellschaftlichen Festen. Wohlwissend , dass euch dieser Platz sicher ist. Ich habe dort noch nie einen Menschen gesehen welche ich hier fotografiert habe. Warum , ihr Exegeten der heiligen Glaubenskongregation? **Schämt euch!** Versinkt in den Boden vor Scham! Kennt ihr nicht Jesus Wort? *Wer von euch der erste sein will, der sei der letzte!* In der ersten Schusslinie, also als Papst, wollt ihr nicht stehen. Ihr braucht euren Vorturner, nach euren Vorstellungen, wissend, dass die menschliche Eitelkeit den Erwählten, dieses Amt annehmen wird. Kommt mit mir auf diese hier gezeigten Toiletten! Lasst uns zusammenlernen. Setzt euren Arsch hier auf diese Toiletten! Ihr müsst dann weder der heiligen Kirche noch dem heiligen Geist abschwören. Ihr müsst euch nur hier hinsetzen und lauschen. Sucht ihn nicht. Seid nur bereit, dass er euch wachend findet! Gethsemane.

Du bist unruhig Gott. Ich bin es auch. Du sprengst meinen Verstand. Wenn es die persönliche Verantwortung und der freie Wille, die Betroffenheit es zulässt und das sokratische Gewissen einen dazu aufruft diesem Ruf der Betroffenheit zu folgen, dann kannst du nicht allmächtig sein. Du kannst ja nicht wissen wie ich mich entscheide. Und wenn du es vorher weißt, ist es dann noch mein freier Wille? Bei Jesus warst du, bist du, wirst du dir sicher, (gewesen sein). Nach den Gedanken, welche sich nur im Raum/Zeit Gefüge sich logisch aufbauen, kann es dich eigentlich nicht geben. Aber dieses Universum ist ausgerollt in die Unendlichkeit. So anschaulich wie diese Zahl Pi. Diese irrationelle Zahl, aber eine reelle Zahl, lässt sich in regulären Zahlen nicht endlich ausdrücken, quasi unendlich. So ist man stets nur auf der Suche nach deinem Willen.

Übrigens, alle Materialien, also Papier, Hefte, Kulis usw. sind nicht von mir. Es sind Schulreste aus meiner Zeit im Maltesercamp. Humm. Florian. Ich sitze also in Cebu in einem billigen Restaurant, zusammen direkt an einer sehr belebten Stelle in Cebu. Hier bin ich genau richtig. Hier kommen alle welche nicht zusammen gehören. Und sofort hatte ich Besuch an meinem Tisch. Ich habe mich direkt an die Straßenseite gesetzt. Es war ein Mann mit seinem Bett unter seinem Arm. Ca. 1 qm Wellpappe. Bei Nässe nicht zu benutzen. Ich gab ihm einen Geldschein da ich mit Lebensmitteln nicht vorbereitet war. Auch das lerne ich hier. Sich vorzubereiten. Für das Geld bekommt er einen Käsekuchen. Eiweiß.

Wer kann über Gott schreiben, wie ich, jemand, der ihm gegenüber so zerrissen ist, der ihn hasst, der ihn sucht. Ja, der leidet. Ist das falsch. Es gibt doch die befreiende Botschaft Jesu! Übrigens, die Toilette hier ist noch mal eine Stufe tiefer als die in Manila. Keine Tür. Kommen sie, Herr Dr. Marx und stehen sie hier. Sitzen geht nicht. Der Geruch der Armut. Urin, Dreck und Ekel. Noch nicht mal Desinfizierungssteine im Abfluss. Wenn man uriniert kann man jederzeit gestört werden. Seien sie eingeladen so ihre Notdurft zu verrichten. Wie hat es Jesus damals getan? Ihr Männer vom heiligen Offizium? Ich habe Angst Herr Marx, Herr Franziskus. Lasst uns zusammen diese Angst spüren. In Assisi habe ich sie gesehen, Herr Franziskus, bei dem Treffen der Weltreligionen. Alle Oberrabbis waren da. Sie durften als erster die Kerze symbolträchtig anzünden. Es wäre besser gewesen, entgegen dem

Protokoll alle mit einer Überraschung aufzuwarten. Allen die Füße zu waschen. Schade. Ohne Protokoll. Eigenständig. Aber nicht im weißen Gewand. Vor allen Leuten es ausziehen und die Füße waschen! Man kann diese Welt nicht verändern wenn man sich selber nicht ändert. Ein Paladin war am fast am Schlafen. In deinen Augen habe ich kurz, als du saßest, so etwas wie Angst oder Hilflosigkeit gesehen. Wie ich. *Die, die nichts haben, werden auch das noch verlieren.* Komm mit mir zu den Armen. Auf diese Toilette, den Stallgeruch spüren! Verlass deine Paladine! Schau zu wie sie vielleicht einen neuen Vorturner wählen Dann hätten wir vielleicht drei Päpste. Ein Novum in Sachen Heiliger Geist. .Gut für den Neuanfang. Hab keine Angst denn Jesus ist bei dir. Verkauf den ganzen Ramsch dort. Schick deine Paladine alle auf die Toiletten dieser Welt! Wenn du meinst, dass dann die Kirche untergeht bist du im Irrtum. Der heilige Geist ist die Kirche Gottes. Und wer bist du über diesen Geist herrschen zu können?

Jetzt ist dieses Büchlein zu Ende geschrieben? Nur noch ein paar Fotos. Und dann der Schluss? Mit den Schlussbildern. Ich habe Angst, Jesus! *Sprich nur ein Wort und meine Seele wird gesund.* Gethsemane. *Konntet ihr nicht mit mir wachen?*

Dieses Foto zeigt einen beladenen Müllwagen welcher dann die Rampe hoch fährt. Dorthin habe ich mich alleine nicht getraut. Dies wäre zu gefährlich gewesen. Am Tor zur dieser Rampe stand ein Polizist mit einem Gewehr. Auf dem Müllberg wird dann der Müll von Kindern und Männern aussortiert bevor er einplaniert wird. Alles von Hand. Und rasch muss es gehen. Es sind große Bulldozer. Ob da aber auch Familien wohnen konnte ich nicht herausfinden.

Hier bin ich also nicht am Ziel meiner Reise angekommen. Denn genau da wollte ich hin. Es ist also genau wie in Manila. Schaut selber nach unter you tube.

Dieses zweite Foto zeigt eine Mutter mit zwei Kindern. Sie stand direkt am Anfang zur Deponie und wartet wohl auf ihren Mann oder ihren Sohn.

Dieses Bild soll einen Eindruck vermitteln wie die Lebensbedingungen unterhalb des Müllberges für die Familien sich hier darstellt. Alle Menschen sind beschäftigt den Müll zu sortieren und zu trennen. Natürlich wählt keiner sich diesen Ort freiwillig aus. Es ist, zu mindestens für die Kinder, mit einem Arbeitslager aus früheren Tagen zu vergleichen. Täglicher realer Überlebungskampf. Kein Arzt. *Die Würde des Menschen ist unantastbar.* Na ja.

Dieses Bild zeigt die sorgfältige Sortierung nach Materialien. Für so einen Sack wird dieser Mann vielleicht 50 Peso bekommen oder etwas mehr. Das wären dann ein Euro oder etwas mehr. Er muss also mindestens 10 Säcke sortieren um auf 10 Euro zu kommen. Ob das auskömmlich ist für eine Familie? Natürlich muss der Müll vorsortiert oben auf dem Berg und herunter geschleppt werden. Ob er das alleine bewerkstelligen kann? Bei 32 Grad und hoher Luftfeuchtigkeit.

Dieses Foto zeigt vielleicht seine Frau und seine Tochter bei ihrer Arbeit. Jedenfalls, Ihr Gewerkschaften, es gibt hier keinen Disput über Gleichberechtigung und gleicher Lohn unter den Geschlechtern. Vielleicht könnt ihr dieses hier auf euren Veranstaltungen als Beispiel zeigen.

Dieses Bild zeigt wohl so ein Zwischenlager. Im Hintergrund sieht man den verschlossenen Schuppen. Dort wird aussortiert. Im Hintergrund my home is my castle. Blechhütten. Ratten und Ungeziefer. Duschen? Toiletten? Der Junge müsste zur Schule. Ich habe dies Foto am Morgen aufgenommen. Ob die da den gesetzlichen freien Sonntag kennen entzieht sich meiner Kenntnis.

Dieses Foto zeigt eine ca 50 jährige Frau welche irgendeinen Spezialmüll ergattert hat. Das sind nur Momentaufnahmen. Einen Rückzugsraum wie wir es brauchen, kennt sie nicht.

Dieses Bild zeigt Bruder und Brüderchen auf den Weg zur Arbeit. In welche Zukunft fahren sie?

Dieses Bild zeigt die Trostlosigkeit, die Situation für die Kinder hier. Keine Schule, kein Kindergarten, keine Freizeitangebote, Zukunftsperspektiven. Denn wie sollen sie hier herausfinden?

Dieses Bild zeigt eine Mutter mit ihrem Kind wohl auf dem Weg ihren Mann oder Sohn abzuholen. Ich denke, dass die Familienzusammengehörigkeit hier noch die wirkliche Bedeutung erfüllt. Was ist wenn ihr Mann oder Sohn nach einem 12 stündigen Knochenjob krank wird?

Das war es Stephan. Ich will nach Hause.

Ich habe jetzt noch vier verbleibende Tage. Meine Reise, meine Absichten hier sind jetzt am Ende. Ich muss versuchen die restlichen Tage einigermaßen strukturiert auszufüllen. Für ein oder zwei Tage werde ich Perrelos / Carcar aufsuchen. Das liegt ungefähr eine Autostunde von hier entfernt. Der letzte Tag wird der leichteste sein. Gut.

Schlussbetrachtung. Körperlich bin ich fix und foxi. Platt. Ich vermisse meine Musik, meinen Sport. Die Musik ist hier grottenhaft schlecht. Eine Softscheiße welche einem förmlich das letzte an Verstand aus meinem Schädel mit einem langen Schlauch heraussaugt. Dazu diese Einbahnstraße meiner Bilder. Na ja. Man wächst mit der Aufgabe. Aida und Hurtigruiten ist das nicht hier.

Zwei Tatsachen sind entscheidend. Habe ich etwas an ethischen oder moralischen Wert hier verloren? Nein! Nehme ich etwas mit was den materiellen Wert dieser Reisekosten übersteigt? Ja! Ich lerne wieder mit Jesus zu reden. Nein, nicht anbetend oder erbauend. Man lese den Titel dieses Buches. Wenn ich wieder in Deutschland bin will ich diesen Weg weiter voran gehen. Ich habe ein älteres Kreuz mit dem Corpus bei mir an der Wand. Die Beine Jesu sind zerbrochen. Ich habe sie und damit die Gestalt mit Nägeln wieder gerichtet. Nein, nicht durch den Knochen. Seitwärts neben seinen Knien.. Das sieht man kaum. Eigenartig, heute fällt mir auf, dass ich Nägel benutzt habe. Na ja. Ich denke, er wird gelächelt haben. So wie bei den Filmsequenzen bei Don Camillo.

Aber ich werde ihn nicht anbeten. Ich kann durch ihn meine innere Zerrissenheit nicht aufgeben. Ich werde immer ein Suchender sein. Aber ich bin ein schwarzes Loch. Ich brenne. Ich ziehe alles an mich und kann mich selber nicht binden. Und wenn er mich will, muss er das aushalten. Das ist mehr als ein siebenstündiger Kampf am Kreuz. Es sind über 50 Jahre. Viele zur seiner Zeit sind ebenso unschuldig an das Kreuz genagelt worden, unschuldig und zufällig. Dies ist vielleicht noch grausamer, als der Tod Jesu. Denn Jesus wusste um alles. Fragte nicht: Warum ich? Ich beschreibe hier eine historische Tatsache. Die Supermacht Rom wählte, medial bewusst, diese Tötungsweise. Je nach der Konstitution erstickte der Verurteilte. Die Nägel wurden nicht durch die Hände getrieben. Die Last des Körpers würde die Handwurzelknochen zerreißen. Nein, unmittelbar wo dar Arm in die Hand mündet liegt der Hauptnerv .Dann wurden die Füße überkreuzt auf einer Holzstütze genagelt. Warum nicht auch wie die Hände? Ein Fundament Loch, das Kreuz mit Wucht aufgerichtet. Warum also de Fußstütze? Wären die Füße einzeln genagelt worden hätte der Leidende so irre Schmerzen gehabt, dass ein Gehirnschock eingetreten wäre. Und danach das Ersticken. Genau das wollten die Römer nicht. Ihnen ging es um grausame Abschreckung. Ein sechsstündiger bewusster Todeskampf. So versuchte er seine Arme zu entlasten indem er sich aufstützte mit den Füßen. Das war ein anderer Schmerz, brachte aber eine kurzfristige Entlastung vor der Atemnot. Herzrasen. Immer wieder dieses Wechselspiel. Dann kam irgendwann der Erstickungstod Die Römer waren eben Perfektionisten. Kennen sie Spartakus? Nicht c oder k. Spartakus war ein geflüchteter Sklave welcher gegen Rom gut organisiert und ausgerüstet zu Felde zog. Die Römer unterschätzen ihn lange. Als sie ihn ernst nahmen machte er Fehler.

Gerade war wieder eine zerlumpte Frau da, mit einem Jutesack ihrer Habseligkeiten. Mit ihrem vier jährigen Kind. Sie fixierte mich und schickte das Kind.

Welche Verbindung hat Spartakus zu dem Kreuzestod Jesu. Nach der Niederschlagung ließen die Römer tausende von Kreuzen an der Via Apia aufrichten. Bei 3000 Kreuzen multipliziert mit sechs Stunden Agonie. Na ja. Twitter, Face book, you tube wikileads könnten viel in Sachen medialer Wirkung von diesen Römern lernen. Sie demonstrierte ihr Spor! Seht diese Hilflosigkeit.

Welchen Weg führst du mich, Jesus? Lass mich diese sieben Stunden Qualen erdulden denn ich kenne meinen Weg nicht. Ich habe keine Orientierung mehr. Vielleicht ist nur das Atmen der Weg, aber ich weiß nicht wie lange es noch dauert bis meine Seele ihren Frieden gefunden hat. Wenn ich diese Zeile schreibe spüre ich meine Angst. Denn im Gegensatz zu den Christen welche sicher in dir leben bin ich wie ein schwarzes Loch. Ich brenne.

18.11

Morgen und übermorgen noch. Dann ein Besuch in Carcar. Bis dahin **muß** das Buch fertig sein. Beim siebenstündigen Zwischenstopp werde ich in

Hongkong genügend Zeit haben die Hefte und Papiere zu überarbeiten und zeitlich zu sortieren. Inhaltlich werde ich, bis auf eine oder zwei Sequenzen, nichts mehr hinzufügen. Diese beiden Sequenzen sind aber in meinem Kopf. Der Schluss des Buches werden dann nur ein paar besondere Fotos sein mit einem Satz Jesu.

Heute Morgen bin ich zu Fuß in die Stadt gegangen. Zuerst traf ich eine sehr alte Bettlerin. Ich gab ihr einen Geldschein. Sie lächelte. Ich fragte sie, ob ich ein Foto machen darf. Sie lächelte und sagte ja. Es ist eines von meinen drei besten Fotos. Ein paar Meter weiter saß eine Mutter mit ihrem Kleinkind. Ich gab ihr das Doppelte. Das ist doch logisch. Es waren ja zwei Personen.

Sehen sie, Franziskus, die Toilette?

In der Nacht zuvor hatte ich mir schon überlegt nur noch Müttern mit Kindern Bargeld zugeben, zusätzlich. Für 10 Euro bekomme ich sauber, klein portionierte Lebensmittel. Instantsuppen mit Fleisch oder Fisch, Eiweiß, Milchtütchen. Als fertige Proteinen.

Danach erst mal in den riesigen Supermarkt. Unten waren die Billigrestaurants. Ich musste auch essen. Und trinken! Dann eingekauft. Dabei wurde mir bewusst, dass diese Form der Speisung bedeutet, Almosen zu geben. Der Frau mit dem Kind war es recht. Almosen bedeuten aber, im Gegensatz zur anonymen Spende, Augen – und Körperkontakt. Die Hand reichen. Beiden Frauen habe ich meine Hand gereicht. Auf dem Rückweg vom Supermarkt begegnete ich zwei Frauen mit mehreren Kindern. Ich hatte sie vor dem Einkauf schon gesehen und für 60 Cent eine Familienpackung gekauft Ich gab ihr so eine Art Familienpackung Nudeln mit Fleisch, Instant. Der Wert ca. 1,20 Euro. Sie hatte 4 Kinder, die wollten natürlich mehr. Ich signalisierte Nein und die Mutter pfiff sie zurück. Ihre Freundin hatte auch Kids. Auch hier Instantware. Ich hatte mich vorher damit eingedeckt.

Dann ging ich zurück. Wieder eine alleinstehende Frau. Sie hatte aber nicht den Geruch der Armut. Armut stinkt. Man sieht es an den Kleidern. An den Gesichtern. Fünfzehn Meter saß ein Junge mit leerem Plastikbecher. Warum nicht in der Schule. Die Schule ist hier frei. Nur die Nebenkosten nicht. Ich war der Nikolaus und öffnete meinen Rucksack. Eine Milchtüte ist das Richtige. Er lief zu ihr.

Ich habe heute die zweitletzte Stufe von der Abgabe einer anonymen Spende hin zu dem persönlichen Geben von Almosen betreten. Was wäre wohl die letzte Stufe? Mit ihnen leben, auf Nähe und Distanz? Am Nachmittag bin ich dann wieder spazieren gegangen. Dies mal durch Nebenstraßen.

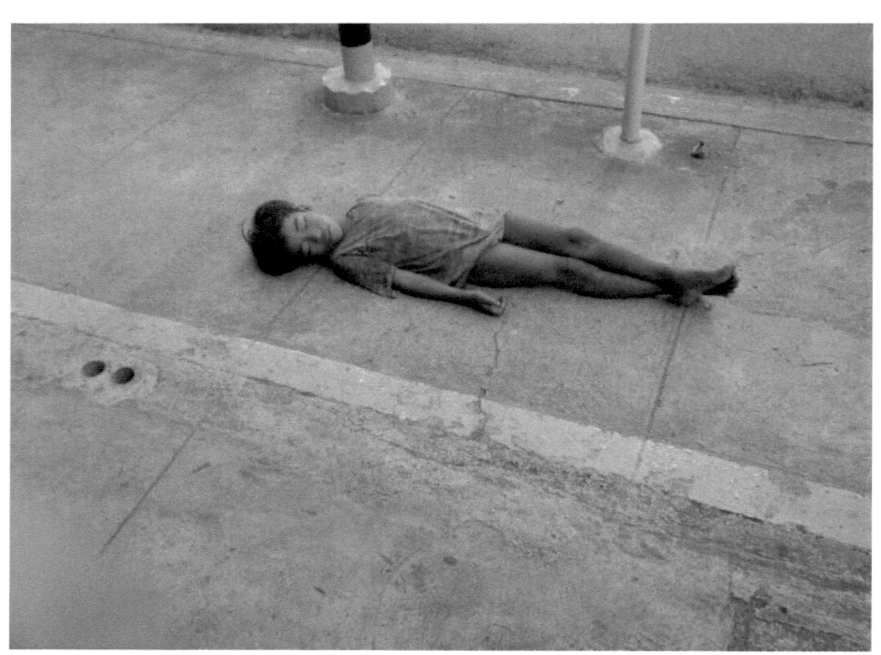

Diese drei Kinder gehören zu einer Obdachlosenfamilie. Die beiden Kids spielen mit ihrem Kinder – bzw Schlafzimmer. Erdnüsse gehen da immer. Ich fragte ob ich ein Foto machen darf. Sure. Da kam der Papa angerauscht. Um die 30 Jahre alt. Er herrschte mich an; Was das soll? Ich sagte ihm klipp und klar, dass ich zwei Fotos gemacht habe und ob er damit ein Problem habe. Er fragte nicht nach Geld. Es wären seine Kinder. Ich sagte, er solle sich Arbeit suchen. Care your kids! Sein Blick ging leer an mir vorbei. Ich ging weiter zu seiner Frau. Dreckig, schmutzig, sie schämte sich. Frauen begreifen oft die Konfliktsituationen zwischen Männern sehr gut. Ist ja klar. Sie brauchen ja nur abzuwarten. Und dann entscheiden. Auch ihr gab ich eine Familienpackung.

Lumpensammler. Das ist auch eine Tagesbeschäftigung. So eine Art Vorrecycling. Selbstständigkeit , ohne Gewerbeschein. 360 Tage.

Kirche und Kapital –fatal.

Kapital und Kreuche – eine Seuche.

Gerade kam ein sechs jähriges Kind mit einem schlafenden Baby auf dem Arm vorbei. Nachts um 22 Uhr. Grausam. Völlig unbeachtet. Ich hab es nicht gewagt diese Szene zu fotografieren. Ich gab ihr Smarties. Dann kam sie später zurück. Ohne Baby. Wahrscheinlich eine Arbeitsteilung zwischen Mutter und sechsjähriger Tochter. Mutter und Tochter in der Wechselschicht. Kein warmes Bett. Kein Kuscheln. Keine Gute Nacht Geschichte. Na ja, so ist das. Weil die Reichen und wer ist hier reich, nicht wollen. *Die Armen habt ihr alle Tage und wenn ihr wollt könnt ihr ihnen Gutes tun.* Und wenn sie nicht wollen, Jesus? So ist das. Bis heute und bis zum Jüngsten Tag. Der Jüngste Tag ist gleichzeitig der letzte des einsteinschen Raumzeitkontinuums und dann der Jüngste Tag. Jetzt spricht sie mit ihrem Brüderchen. Sie spielen Fangen auf dem Bürgersteig. Sie wird bestimmt eine starke Mutter. Wenn sie durchkommt. Ich musste gerade wieder eine von den Freelinergirls abweisen. Ein San Miguel light okay. Aber mehr nicht. Ja ihr lieben Vorzeige Christen, oder andere, im Glauben so sicher verankerten Individuums. Das erlebt man nur im Dreck. Den Dreck wollt ihr aber nicht. In den Hotspots. Wo Frauen sich nicht immer freiwillig prostituieren. *Richtet nicht, auf das ihr nicht gerichtet werdet.* Euer Verbrechen, ihr so gut situierten Gläubigen, ist nicht, dass ihr nicht helft. Euer Verbrechen ist, vor Jesus, das ihr diese geringen Menschen meidet. Ihr geht ihnen aus dem Weg. Du auch, Franziskus. Geh zu diesen Untermenschen. Du bist geblendet wenn du meinst diese Kirche **so** weiterleiten zu können.

Jetzt hat das Brüderchen eine Chipstüte irgendwo ergattert. Das Schwesterchen fängt es ein und bringt es zurück zur Mutter. Ja, Franziskus, dabei zu sein und es aushalten. Verkauf deinen Petersdom. Und zwar für dasselbe Blutgeld ,woraus er entstanden ist. Wenn die Münze in den Beutel klingt die Seele in den Himmel springt. Dann gürte dich, geh und komm. Stell dir all die Menschenmassen auf dem Petersdom vor. Wie viele würden dir folgen. Dem Stellvertreter Jesu. Oder dem Stellvertreter Petri? Ein paar von wirtschaftlich – im Geiste Gandhi- Paladine werden zurück bleiben und alles richten. Es gibt Skype. Da sind bestimmt betriebswirtschaftlich fundierte Paladine da. Nüchtern und kühl. Ich kenne einen deutschen Vertreter. Stell dir, Franziskus, diese mediale Wirkung vor. Du willst keine mediale Plattform. Na ja. Wirklich? Eine Kirche wie zur Zeit des Petrus. Eine Kirche der Armen. Nein, sie würde dann eine Kirche der Armen sein, weil sie, Franziskus, dann diesen Namen, welchen sie tragen, verdienen. Mann, Franziskus, irgendwo Instantsuppen verteilen und den Geist wirken lassen. Abends wirst du vielleicht sagen" Ich kann keine Fresse mehr sehen" oder du wirst dich an den heutigen Tag erinnern wo du lächelnde Seelen gesehen hast. Nicht wegen deiner weißen Robe sondern weil du als Mensch, der einfach nur da ist, Nähe zeigst. **Dann** wirst du lernen, dass du keine Kanzelbotschaften von Jesu haben kannst. Du wirst erkennen dann aus der Wahrheit und in der Liebe zu leben. Schau nach bei Johannes. *Die Wahrheit wird euch freimachen!* Oder sag den Menschen, dass du **jetzt** aus der Wahrheit lebst! In einer Firma muss man sich positionieren. Gib du es vor oder die Menschenmasse und deine Paladine machen es für dich. Vielleicht habe ich nicht das Recht dazu, dir das zu sagen. Die Paladine, welche dich auf dieses Schild gehoben haben, werden dich dann wieder fallen lassen . Der Stellvertreter Jesu wird von der eigentlichen Macht im Vatikan fallen gelassen. Paulus widersprach Petrus und ich widerspreche dir auch.

Soll ich dir das wichtige Geheimnis der Nachfolge Jesu verraten? **Scheitern.** So wie dein Vorgänger, der Pole. Erst kurz vor seinem Tod kam diese Erkenntnis. Ein Holzsarg in einem goldenen Vogelkäfig. Grausam. *Niemand kann gleichzeitig zwei Herren dienen, Gott und dem Mammon.* Ein afrikanisches Sprichwort sagt; Man kann seinen Hintern nicht gleichzeitig auf einen Esel setzen und auf ein Pferd.

In zwei Tagen ist dieses Büchlein fertig. So oder so. Ich muss aufpassen Es geht hier nicht um eine Kontrolle von drei ausstehenden Tagen. Hätte ich versuchen sollen, dir oder den anderen Hügeloberen, theologisch fundiert zu schreiben wäre dieses Vorgehen eine Einengung gewesen. Ein Disput auf eurer Spielwiese. Liebe und Wahrheit sind einfach und nicht zur Beschäftigung irgendwelcher Religionswissenschaftler da. Und schon gar nicht für das heilige Offizium. Grausam. Nur mit dem Herzen sieht man gut und richtig. Der Satz ist jetzt von mir. Ich habe eigentlich immer alles falsch gemacht. Immer ja gesagt. Als Gutbacke. Jetzt sage ich nein. Das zweite Buch war eine Klage. Das interessierte keine Sau. Dieses Büchlein hat zwei Buchstaben mehr. **An.** Anklage. Ja, ich klage alle etablierten, gleichgültigen , von sich selber maßlos überzeugten Menschen, egal auf welchem Hügel sie sich eingenistet haben, egal in welchen gesellschaftlichen Positionen, an! Vielleicht habe ich dieses Recht nicht dazu. Dann muss ich jemanden finden, welcher dieses Recht hat! Im Vatikan brauche ich nicht zu suchen.

Vielleicht schickt mir Gott jemanden, welcher aus dieser Wahrheit lebt. Ich weiß ja selber nicht was in den nächsten zwei Tagen noch alles passieren wird. Dann werde ich es niederschreiben. Aber ich habe Angst. Gethsemane? *Von wunderbaren Mächten geborgen oder so?* Nein! Als Jesus Gethsemane verließ verfluchte er einen unschuldigen Feigenbaum. Er hatte Angst. Habt ihr, diese Paladine auch diese Angst eures Meisters? Ich habe kein Papier mehr. Also ist das jetzt der Schluss dieses Büchleins? Noch ein paar Fotos. Und dann der Schluss..

20.11

Ihr seid Narren. ihr Prälaten, ihr Monsignore und andere Ehrentitelträger. Aber der Reihe nach. Heute ist Sonntag. Am Mittwoch fliege ich zurück. Diese Reise war extrem. Da ich ja keine *Sehenswürdigkeiten* besuchen wollte einerseits und andererseits mich aktiv in die Begegnung mit der Armut einbringen wollte, bestanden 80 Prozent der Tage nur darin, mit sich selber alleine zu sein. Alleine klar zu kommen. Kein TV, keinen Computer, eine

Stunde im Internetladen. Es fielen ca vier Stunden für das Schreiben an. Dieses bewerkstelligte ich nach alter Tradition mit Papier und Kugelschreiber. Da fällt mir eine lustige Sache ein. Ein deutscher Mann sollte vier Dinge in seinem Leben schaffen. Ein Kind zeugen, ein Haus bauen, einen Baum pflanzen und ein Buch schreiben. Na ja.

Heute bin ich mehr oder weniger auf das St. Martinsprinzip gestoßen, Er hat doch seinen halben Mantel gegeben. Das sind doch fünfzig Prozent seines Mantels. Ich habe heute bewusst fünfzig Prozent meiner Lebensunterhaltungskosten in Form von Lebensmitteln an wirklich Bedürftige gegeben. Das war relativ einfach und ich bin trotzdem satt geworden. Je je. Sollte ich mein Leben zu Ende leben und dieses praktizieren, welchen Weg, Jesus, schlage ich dann ein? Dann feiert mal schön den St. Martinstag. In diesen abendlichen, romantischen Laternenumzügen habe ich nie einen Rabbi mitwandern sehen. Oder irre ich hier auch? Wenn ich zu Hause bin muss ich erst mal die Nähe Distanz anders erleben. Ich habe ja meine Flüchtlingsarbeit dort. Humm. Diese ruhigere Kugel wird mir sicher gut tun. Dann werde ich mir den zweiten von drei Abschnitten überlegen, welche ich als Plan vor meiner Reise hierhin gesteckt hatte. Zuerst für zwei Wochen kommen und schauen. Der zweite Teil würde sich dann über einen Zeitraum von drei Monaten hinstrecken. In einem Apartment, mit Internet und einem gemieteten Auto. Cebu ist groß. Ich habe nur Cebu Nord besucht. Cebu Süd kenne ich gar nicht. In den Moloch Manila einzusteigen ist für mich momentan nicht durchführbar. Ich bin platt. Auch bin ich erstmal von dem Gedanken kuriert hier irgendwas aufziehen zu können. Wenn, dann müsste ich hier wohnen und mich einleben. Um den Armen hier mit Demut begegnen zu können. Man müsste beim nächsten Mal mobiler sein. Selber fahren und erkunden. In die wirklichen Armutsfallen dieser Stadt. In Donetzk gab es die auch. Natürlich in abgeminderter Form. Auch könnte man nach anderen Hilfsorganisationen vor Ort schauen. Das ergäbe vielleicht eine Struktur zum Handeln. Dann dahin zu gehen wo die Not vieler ist. Im Moment bin ich ein Solotänzer, welches den Vorteil hat, dass ich keinen Vorturner habe.

Morgen kommt mich vielleicht jemand besuchen. Für einen Tag. Dann kommt Dienstag, der letzte Tag. Da werde ich ausschlafen. Packen und bis dahin gesund bleiben. Gerade war wieder so eine junge hübsche Frau da, gute Massage und so. Nach fünf Minuten war ihr alles klar. Sie fand einen anderen. So ist das. Aber vor zwei Stunden traf ich ein jüngeres chinesisches Paar im Restaurant. Sie wollen Gänse in Deutschland verkaufen. Ich schrieb ihr auf Deutsch Martinsgans, Weihnachtsgans auf. Googlen. Die Frau war sehr schön und dabei noch intelligent. Gibt es das bei Männer auch. Lol. Ich schrieb ihr noch ein Zitat von Oscar Wilde auf Deutsch auf. Sie konnte es in diesem Moment ja nicht verstehen.

Alt wie ich bin, unfähig zur Liebe, so erkenn ich doch die Macht der Schönheit.

Ob sie es wohl gegoogelt hat und gelächelt? Na ja.

Dafür laufen hier und woanders so viele Menschen durch die Gegend welche sich sein Buch hätten durchlesen sollen. Das Bildnis des Dorian Gray. Diese Geschichte lässt sich auf alle Menschen beziehen, welche in ihrem Leben sich was vorgaukeln. Wissen sie eigentlich warum Frauen keine wirkliche Musik komponieren können? Ja singen ja. Der Grund für diese Nichtfähigkeit ist, dass den Frauen beim Komponieren zwei Eigenschaften fehlen. Zum einen die Aggressivität und zum andern die Fähigkeit zum Leiden in der Musik. Selbstdarstellung im Gesang ja. Dafür besitzt der Mann die Unfähigkeit ein Kind gebären zu können. Die Neunte oder ein la crimosa, von einer Frau geschrieben, hätte sich irgendwann durchgesetzt. Sie hätte ja auch als Ghostwriter sich tarnen können. Auch in anderen kreativen Künsten verhält es sich so. Dies ist jetzt keine Diskreminierung. Nicht wahr Meister Gerhard? Du wusstest damals schon, dass die Fundamente deines Doms dieselbe Masse haben müssen wie die Masse, welche Millionen oberhalb der Domplatte bewundern. Du hast den Dom sogar Erdbebensicher gebaut. Weiche

Steinschicht wie ein Knorpel zwischen den tragenden Blöcken. Aber, ich denke, du wirst dies in der Natur beim Schilfrohr abgeschaut haben. Dabei hast du an den Wind gedacht. Vielleicht hat aber dies alles deine Frau erdacht und dich an die Front geschickt? Vom Erdbeben konntest du nichts wissen. Allein die Wasserhaltung der Baugrube ist genial gewesen.

Jetzt schreibe ich etwas was ich nie schreiben wollte. Ich schreibe eine Klage und Warnung an alle Vorturner, also an alle mehr oder weniger Verantwortlichen und elitären Führungsschichten, Führungsmenschen. Also an diejenigen welche an der Spitze der jeweiligen Hügel stehen.

Das Prinzip des Kapitals. Die hier gezeigte untere Schicht besteht in Deutschland aus 450 Euro Jobber oder ähnlichem Humankapital. Darunter gibt es noch eine Schicht. Die Billigstjobber in den sogenannten Entwicklungsländern. Und dieser Teller ist proportional grösser. Wo bist du Franziskus und deine Paladine? Kehr um! Ich mache dir einen Vorschlag. Tu dasselbe was Franziskus getan hat.

Trump und andere werden dir schon Geld bieten. Mit diesem Geld kannst du die Kindersterblichkeit in den nächsten Jahren wirksam begegnen. Also ungefähr bei 60 000 000 Millionen Kinderseelen. Wichtiger aber ist Jesus neu zu begegnen. Führe diese Kirche in die innere und äußere Armut. Du wärest der erste Papst welcher in diese Armut geht. Es geht um Reue und Buße. Ich sage dir das. Nimm nie wieder medial ein Kind in den Arm. Es muss dann stinken und deine weiße Robe beschmutzen, Deshalb zieh sie vorher aus. Scheitere, wie Petrus beim dreimaligen Hahnenschrei. Zeig diesen Menschen dein Scheitern. Sei ein Vorbild. Zeig ihnen dies neue Gethsemane. Historisch ist die Kirche eigentlich, bezogen auf ihre Machtstrukturen, schon gescheitert. Wie viele von 1 700 000 Christen wachen? Merkst du nicht, dass deine finanzielle Struktur, gewachsen in 1,6 Jahrtausenden, nur noch aus einer Art von Destruktionsfäule besteht? Schick alle deine Mitarbeiter arbeiten. Paulus sagte schon *Wer nicht arbeitet soll auch nicht essen.* Schick sie an die Front. Von mir aus auch in Hartz vier. Zeit, um eine Predigt vorzubereiten bleibt da immer noch. Beruf ein letztes Mal ein Konzil auf. Zieh öffentlich deine weiße Designerrobe aus. Lade Arme ein. Ohne Protokoll. Du wirst dann Entsetzen, Ekel, Scham aber vielleicht Umdenken bei deinen Paladinen sehen. Wenn du jetzt denkst diese Kirche wird dann zusammenbrechen lästerst du dem heiligen Geist. Nur die Wahrheit macht jemanden frei. Ihr musst dienen.

Ich bin für diese drei Büchlein einen harten Weg gegangen. Ich bin einen Weg gegangen, welchen ich nicht gehen wollte. Ich brenne. Wie der Dornbusch. 50 Jahre wachen. Sprich nur ein Wort und meine Seele wird gesund. Ich werde morgen wieder aufstehen, Jesus. So wie in den anderen 18600 Tagen. Irgendwann werde ich vor deinem Vater erscheinen müssen. Aber ich will ihn nicht. Nicht jetzt. Weil du dann meinen freien Willen brauchst. Wohin gehst du Stephan? Es reicht. Ich bin der andere am Kreuz, Jesus. Warum hast du nicht mit diesem Menschen gesprochen? Der gute Hirte? Hier am Kreuz, mit diesem gekreuzigten, unbeachteten Menschen, hast du versagt, oder? Er war das Symbol für den Gescheiterten von den drei Menschen auf Golgatha. Alle Gespräche sind doch überliefert worden. Die Frauen waren da und Johannes. Warum nicht er? In seiner Verzweiflung und mit denselben Schmerzen. Bist vorher gestorben und hast ihn zurück gelassen? Ihr drei, zusammen, vor Gott an jenem Tag. Irgendwie haben die Evangelisten dies falsch beschrieben. Und ihr Exegeten? *Richtet nicht auf dass ihr nicht gerichtet werdet.* Hast du, Jesus, über ihn gerichtet? Er ist wirklich allein von euch dreien gestorben. Niemand weiß aber, ob seine letzten Gedanken genau so waren wie dein Schrei nach Gottes Verlassenheit. Und dann ist es gut. Stephan. Jetzt geht es mir gut.

21.11

Heute war der Tag, der es in sich hatte. Ich bin heute mehrere Stunden in einem nicht klimatisierten Bus gefahren. Das muss man auch mal erlebt haben. Kein Taxi mit Aircondition, bei 32 Grad und 90 Dezibel. Vor uns und neben uns eine ca. 60 km lange Autoschlange. Ich habe Perrelos besucht. Ich kenne hier einen Familienclan welcher ich eine Carwashanlage gekauft habe. Nein, nicht was sie darunter verstehen. Es ist ein einfaches elektrisch betriebenes Pumpsystem, eine kleine Maschine.

Nach Abzug aller Kosten kann diese Familiensippe ca. 300 Euro erwirtschaften. Ja, Franziskus, da kam wieder das Problem mit der Toilette. Diese Hütte hat eigentlich keine Toilette, welche diesen Namen verdient. Aber in der Not gibt es dort ein reicheres Ehepaar, welches ich kenne. Nur 300 Meter entfernt. Ich habe dann diese arme Familie zu einem einfachen Essen eingeladen. Wir haben eine Kirche oberhalb auf dem Berg besucht. Diese Kirche ist nicht mein Ding, muss es ja auch nicht sein. Dort ist der päpstliche Personenkult stark im Vordergrund. Maria, dargestellt in einer 3 Meter hohen Figur, dann der Pole und der Mann, welcher die Tiara abgegeben hat. Jesus, ist auch zu finden, als ein kleiner Corpus. Alle Besucher berühren dann seine Füße. Dann kam der Abschied. Zum Schluss noch ein Blick auf die andere Seite der Straße.

Ein bewohntes *Haus*. Ich hoffe, dass der Leser, Franziskus und ich, hier diesmal gemeinsam einer Meinung sind. Dass das Haus bewohnt ist oder bewohnbar ist.

Tand, Tand ..ist das Werk von Menschenhand. Shakespaere. Macbeth

Denn alles was entsteht, ist `s wert, dass es zu Grunde geht. Goethe Faust

Zurück in Cebu habe ich dann wieder diese drei Frauen mit ihren Kindern getroffen. Milch und Instantsuppen. Diese Menschen haben meinen **schweren** Rucksack erleichtert. Ich sollte jeden Tag hier leben, die Hälfte meines Lebensmittelverbrauchs mit diesen Menschen teilen. Ich habe Pläne. Aber der Mensch denkt und Gott lenkt. Diese Welt kollabiert in ihrem Wahnsinns- und Konsumverhalten. In ihrem Spaß- und Dekadenzverhalten. So wäre der Weg, sich gegen diesen wälzenden Strom zu stemmen, dieses bewusst geführte Leben zu versuchen. Zu versuchen sich dem Ganzen zu entziehen. Wieder so ein schönes deutsches Wort. Sich zu entziehen. Physikalisch wirkt da eine Kraft auf die andere. Sie ist grösser als das vermutliche Trägheitsmoment. Aber ich muss jetzt erst mal zurück nach Deutschland um dieses Büchlein fertigzustellen. Welches keiner lesen will. Kein Problem, dann schreibe ich es eben für mich. Macht das eigentlich nicht jeder Autor, Stephan? In den nächsten Wochen werde ich beschäftigt sein, das handgeschriebene Manuscript mit den vielen Zetteln in eine Worddatei zu schreiben, die Fotos einordnen, selber zu lektorieren, und dann mit einem Layout Fachmann dieses Büchlein auf den Markt zu bringen. Dann Flüchtlingsarbeit, besonders mit Kindern. Weihnachten werde ich an die Frau mit den Kindern hier denken. Wenn ich an die Menschen hier in den westlichen Ländern denke, wie sie zufrieden und relativ entspannt ihr Leben führen, kann ich doch nicht, wie in diesem Büchlein aufgezeigt, mich dagegen aussprechen. Jeder hat doch dieses Recht! Dieses Recht schließt die eigene Überzeugung mit ein, nicht in einem Sündenpfuhl zu leben oder leben zu müssen. Dies muss jeder für sich selber entscheiden. Auch deine Paladine!

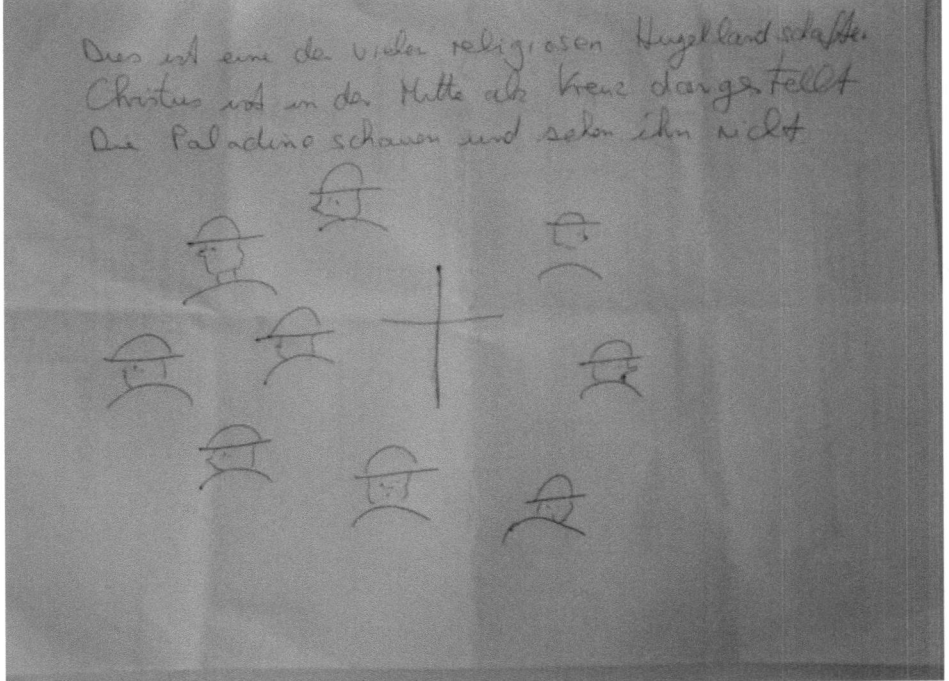

Ich habe ein Sauglück. Die Zeiten der Inquisition sind vorbei. Das heilige Offizium, die Glaubenskongregation, die gibt es noch. Und wer hätte wohl eine Chance in diesem elitären Verein vorstellig zu werden, geschweige denn gleichwertig in einen Disput gehen zu können, deswegen hat sich eigentlich zu damals nichts geändert, außer das nicht mehr gefoltert oder verbrannt wird.

Man wird nur totgeschrieben. Eine Seele wird ignoriert. Das Schaudern, das Frösteln bleibt, Herr Ratzinger. Alte, graue Männer im Disput mit dem heiligen Geist. Ihr habt dieselbe Anmaßung wie die damaligen Pharisäer. Mut zum Dienen, Demut, wer dieses tut sagt den Menschen nicht wie sie zu glauben haben. Mit welchem Recht, ihr grauen Männer, greift ihr in das Gewissen anderer ein? Ihr seid wie die Pharisäer. Oder Sadduzäer? Mich fröstelt. Mir schaudert, wie sich alles wiederholt. Oder wollt ihr die zehn Gebote auslegbar machen? Und Jesus? Kennt ihr ihn besser als die anderen Menschen. Das wäre eine Anmaßung. Denn ihr habt euch, wie in jeder anderen Firma, hochgedient. Seid protegiert worden. Und das macht euch zu einem heiligen Offizium? Ich nenne das Verblendung. Kommt mit auf diese Armutstoiletten. Betrachtet dieses als eine Art Weiterbildungsangebot, was Firmen ihren Mitarbeitern auch anbieten. Frau Käßmann oder Vertretern anderer Religionsführungspersonen. Du hast jetzt doch auch wieder in der ersten Reihe deinen Platz. Zufrieden hast du ausgesehen. Scheitern und nicht gelingen. Begreife es wer will.

Der Abschied von Perrelos. Dort habe ich zum ersten Mal seine Füße berührt.

STUMM WERDE ICH DIESES RITUAL ZU HAUSE JEDEN MORGEN TUN:

Als ich seine Füße berührt hatte war es wie immer. Kein Gebet, keine Bitte. Stumm. Wer ist er? Wer bin ich? Sprechen kann er nur zu mir wenn ich stumm bin. Denn dann kann ich lauschen. Ich habe auch nicht für diese armen Menschen hier gebetet. Oder für den Weltfrieden. Oder für oder gegen sonst was. Warum? Soll ich in Gottes Geschicke meinen Einfluss nehmen? Wer bin ich, dieses zu wollen und zu können? Ich schreibe jetzt eine Metapher nieder. Sie umschreibt die Hilflosigkeit des guten Willens. Ein amerikanisches Ehepaar bereist Jerusalem und sieht Jesus am Kreuz. Shocking sagt, der Mann und will helfen. Er zieht Jesus die Nägel aus den Händen, so dass Jesus vorn herüber hängt. Ihr habt dies nicht verstanden? Dieses Ehepaar hätte Jesus da hängen lassen sollen dann aber ihr eigenes Leben beginnen zu verändern. So ist das auch mit den Fürbitten. Du musst es fühlen, Franziskus. Erst dann beginnst du dies zu verstehen. Zuerst fühlen und dann verstehen. Franziskus, wenn Franziskus heute noch mal auf dieser Erdkugel leben müsste, wie würde er scheitern? Damals gab es kein Google, Coca Cola, Smartphones und die Spaßgesellschaft, usw, usw. Es gab auch nur einen Religionshügel. Wenn aber Franziskus heute scheitert würde, warum scheitert Franziskus dann nicht? Denk mal darüber nach. Es gibt natürlich den theologischen Einwand, dass Gottes Wirken davon unabhängig ist. Auch heute hätte dieser Franziskus seine Leidenschaft. Aber heute ist diese Welt gottloser als sie es jemals war .Du, Franziskus, bist nicht konsequent. Du, Stephan bist es auch nicht.

Morgen wird der letzte Tag sein, hier. Morgen schreibe ich dir, Franziskus, wie du die Kirche führen sollst. Denn die theologisch-wirtschaftliche Kirche ist schon seit langem gescheitert. Deine Aufgabe ist es, den Menschen diese Botschaft zu vermitteln. Du hast die Fähigkeit es deinen Paladinen aufzuzeigen. Nicht die Menschen, welche dich heute beklatschen, werden dann von Jesus verlassen, nur weil du sie verlässt. Er wirkt auch dann weiter. Aber du wirst Seelen fischen, die vorher sich von der Kirche abgewendet haben. Wie Petrus, der Menschenfischer. Dabei hat Paulus mehr Menschen gewonnen, Hat nicht Jesus dieses dem Petrus versprochen? Vielleicht wärest du dann nicht der Stellvertreter Christus aber der Nachfolger Petrus. Enttäusch die, welche dich beklatschen. Lass sie so zurück wie Jesus seine drei Jünger bei Gethsemane zum Gebet, zum Wachen verlassen hat. Verlass dein Rom, deine Erdkreisgemeinde. Dann, später, kehr zurück. Schau, was ohne dich passiert ist. Wenn sie gewacht haben, dann freu dich. Wenn nicht, dann geh zu dem Feigenbaum. Wie Jesus nach Gethsemane. Aber dieses wird nicht passieren. Denn als Jesus diesen Weg ging begann und wuchs seine Kirche. Heute ist sie schon da. Also wirst du nicht zu diesem Feigenbaum gehen müssen. Du musst auch nicht zum Kalvarienberg.

22.11

Heute ist der letzte Tag. Ich hatte noch so einiges vor. Wieder nach Carcar mit dem Abenteuerbus. Aber ich wurde ausgebremst. Montezuma. So machte ich aus der Not eine Tugend und verordnete mir einen langen Mittagsschlaf. Mein Körper ist wohl etwas angeschlagen und morgen **muss** ich in den Flieger. Cebu, Hongkong, London, Düsseldorf. Alles in allem etwa 25 Stunden. Was nehme ich mit in meinem Rucksack?

Ich bin gescheitert, Franziskus. Aber ich habe auch nicht den Anspruch wie du Franziskus. Dieses macht uns beiden menschlich. Aber mit dem Unterschied, dass ich mein Scheitern zeigen kann. Scheitern bedeutet nicht, aufzuhören. Wenn jemand scheitert, dann muss er das auf zwei Ebenen bekennen. In seiner Seele und vor der Menschengemeinschaft.

Morgen Abend schreibe ich dieses Büchlein zu Ende. Es wird eine klare Botschaft enthalten. An alle, welche Ohren haben zu Hören und Augen haben zu Sehen. Ich werde dabei im Tal stehen. Zwischen diesen Hügelkapitalpyramiden. Ich werde dabei schreien, bevor die Steine es tun. Denn wenn die Steine schreien wird alles andere Schreien umsonst sein. Ich bin nur dazu geboren, Franziskus, mit dieser Botschaft zu scheitern. Vor dir und allen Etablierten. Jetzt habe ich Angst, Gethsemane. Ich brenne aber ich bete nicht. Um was? Beten, heißt doch immer bitten. Also nicht bitten. Was dann im Gebet?. Persönliches vortragen? Zuhören? Wie beten sie? Ich kann eigentlich nicht beten. Oder? Beten ist ein Suchen mit der Gemeinschaft Gottes. Soll das jeder so tun wie er es fühlt. Oder was sagt das heilige Offizium dazu? Offizium oder geh in dein Kämmerlein? Herr Ratzinger? Mich fröstelt. Mir schaudert. Ich habe Angst vor der Allmacht Gottes. Ich hoffe seine Liebe ist grösser. Ich bin doch seine Idee. Der Vanillepudding und das Senfkorn.

Heute Nacht muss ich zum letzten Mal meine Wäsche waschen. Sie stinkt. Nach wiederholtem Schweiß, Dreck, ekelhaft. Aber, Franziskus, sie ist nur deshalb so ekelhaft weil sie eingetauscht wird gegen frische, mit Wäscheweich, aufgepäppelte gewaschener Wäsche. Nähe und Distanz. Fühl ich mich mehr zu dem Gestank der Armutswäsche hingezogen als zu der mit Ariel gewaschenen Wäsche? Es ist halb eins, morgens. Ich muss noch warten. Dieses Hotel hat keinen Adapter an den Steckdosen. Nur die Klimaanlage hat europäischen Standard. Also nutze ich diese dreiviertel Stunde zum Wäsche waschen. Einem Ingeniör ist nichts zu schwör.

Morgen, Franziskus, werde ich dir die Aufforderungen schreiben. Dann ist dieses Büchlein wirklich zu Ende. Die Wäsche ist jetzt fertig. Das Handy ist noch nicht aufgeladen. Ich erinnere mich an den alten Mann mit dem Kind. Vor Jobilee. Ich hatte Scham ein Foto zu machen. Angstaugen. Er und das kleine Kind. Ich habe dies gesehen. Seine Seele brannte. Er schaute auf meinen Rucksack, welchen ich nervös öffnete Ich sagte, kein Geld Viele Jugendliche mit ihren handys schauten da durch mich durch. Ich hatte noch eine Familienpackung von Instantsuppen. Seine Augen signalisierten Erstaunen, Glück. Er brannte. Ich musste mich gewaltsam körperlich von ihm losreißen und machte, aus Scham, kein Foto. Dann kam mir die schwarze Frau mit dem Kind noch einmal in den Sinn. Als ich vom Einkauf zurück kam war ich nicht auf sie vorbereitet. Ich hatte aber noch Milch für das Kind und eine Instantsuppe für beide. Hat sie eigentlich diese banale Möglichkeit sich heißes Wasser zu beschaffen? Topf, Holz .Oder nimmt sie kaltes Wasser? Weißt du es, Franziskus? Komm und lass uns beide es heraus zu finden! Aber vielleicht ist es dir wichtiger frohe Botschaften an eine gesättigte zufriedene Christenschar zu offerieren und sich dann beklatschen zu lassen. Aber da herrscht dann keine Unruhe, keine Polarität. Man kommt um das zu hören was man hören will. Dieses bestimmt die Qualität in deinem Odeon. Und du wirst von dieser Qualität bestimmt. Es gibt, trotz so vieler Esel keine Eselsbrücken dort. Alle sind zufrieden. Das ist nicht in Ordnung, Franziskus. Vielleicht habe nicht das Recht dazu es dir zu sagen. Dann finde ich jemanden der dieses Recht hat. Es sind noch fünf Stunden. Die Frau mit dem Kind war noch mal da.

Diese Fotos waren von gestern. Sie kommt jeden Tag

.

Ich habe jetzt noch fünf Stunden. Gerade kam ein Straßenkind. Es bettelte aber ich gab nichts. Ich wusste auch nicht warum. Es ging zu den Stufen und setze sich. Dann schlief es ein.

Ich ging dann hin zu ihm und weckte ihn. Er schaute mich verwundert an und schnappte sich die Milchtüte, ohne was zu sagen. Ich sagte auch nichts. Wir schauten uns an. Hierbei sagte er mir, Franziskus, was ich dir und den *Anderen* dort sagen soll.

Er sagte folgendes:

Geh zurück nach Europa, Stephan. Sag dort, dass ich und *meine Anderen* hier und dort leiden müssen. Ich muss leiden, weil ihr in Deutschland und wo anders eure Augen und eure Herzen verschlossen habt. Ihr, auch der gutsituierte Klerus, seid schuldig. Im Sinne der Anklage. Ich, dieses Kind, bin einer von den Geringsten, denen ihr dies hier antut bzw nichts antut. Eure Handlungsweise für beide Arten von Tun ist eure Gleichgültigkeit. Ich, das Kind, sehe eure Gleichgültigkeit. Ich, das Kind, bin gekommen, dir, Stephan, zu sagen, **Kehrt um!** Jesus sieht mein Leiden hier und eure materielle Verschwendungssucht dort. Sag dies, Stephan, auch diesem Mann in diesem weißen Gewand, der, mit dem eigenartigen Namen. Er soll zu mir kommen, dieses weiße Gewand ausziehen und mich damit zu decken. So dass ich mich geborgen fühle in seiner Nähe. Sage dich ab, Franziskus, von dem goldenen Kalb welches ihr den Petersdom nennt. Mir, dem Kind, Franziskus, darfst du nicht widersprechen. Ich leide, damit du, Franziskus, erkennst, dass ich aus der Wahrheit und in der Wahrheit lebe. Komm zu mir, auch wenn ich keine Toilette habe und du wirst meine Wahrheit erfahren. Deine Liebe zu mir, dem Kind, welches Gott in diese Welt hinein geworfen hat, um dir und den anderen, welche nicht in und aus der Wahrheit leben zu sagen, dass ich die Autorität besitze. Ich habe diese Autorität euch zu sagen, **kehret um!** Ich, das Kind, bin um 18 Uhr eingeschlafen ohne zu wissen, was ich nach dem Aufwachen essen oder trinken soll. Warum darf ich in einer Schule nicht an meine Zukunft denken? Ich lebe wie Jesus, Franziskus, welchen du verehrst. Auch ich weiß nicht wo ich mein Haupt zum Schlafen hinlegen soll.

Sie pinkeln auf mich, Franziskus.

Deshalb habe ich die Autorität, dir, Franziskus zu sagen, verlasst eure Hügelpyramiden und kommt und lernt von mir. Ich bin sanft und demütig. Verkauft alles, eure großen Kirchen und macht alles kleiner, bewohnt einfache Häuser mit einfachen großen Räumen. Arbeitet im Sinne von Paulus. Ihr braucht keine Rabbis, sondern erfüllt Jesu Wort real; *Wo zwei oder drei in meinem Namen versammelt sind, da bin ich mitten unter euch.* Ein Tisch, was bedarf es mehr? Feiert das Abendmahl da wo man euch die Tür aufmacht, Franziskus, und deinen Paladinen, sag ich; Geht dahin wo die kranken Seelen sind. Geht dahin wo Jesus auch hingegangen ist. *Nur der Kranke bedarf des Arztes* .Lasst die zurück, welche gesund sind oder meinen es zu sein. So wie das Gleichnis vom guten Hirten. Jesus, euer Herr, ging zu den Zöllnern und den Huren und benutzte ihre Toiletten. *Nichts, was aus dem Menschen hinten herauskommt macht ihn unrein sondern das was aus seinem* Munde *kommt.* Ich, das Kind weiß nicht wie lange ich noch auf deine Antwort warten kann, Franziskus. Wenn ich sterbe, werde ich meinen Geist zu Gott, dem Vater, befehlen und ihm mein Leid beklagen. Hier, auf der Erde, kann Jesus meine Seele nicht gesunden lassen. Ich kann auch nicht sagen, Franziskus, das ich dich und die anderen Gleichgültigen dort oben dann umarmen werde. Hier, unten, wollte ich euch umarmen. Du kennst bestimmt die Legende wo der Arme mit dem Reichen zusammen in den Himmel einkehrt. Der Reiche flehte den Armen an. Kann es sein, das dann ein Mensch mit Erbarmen eine Seele vor dem ewigen Wahnsinn errettet? Frag nicht deine Exegeten. Nein, befrag sie. Und schreibe wieder so eine Enzyklika. Sondern schick sie los ihre Seelen zusammen mit anderen Seelen zu finden. Geht alle zu den Verlorenen, auf das ihr nicht verloren geht.

Ich, das Kind, habe von Jesus erfahren, das er, Jesus, schon zu lange am Kreuz hängt. Er schickt mich um diese Welt anzuschreien. Bevor es die Steine tun werden. Dann wird es zu spät sein.

Milliarden von Menschen hat er an seinem Kreuz vorbei gehen erlebt. Sie wollen alle was von ihm, ohne zu fragen was er von ihnen will. Ich habe keine Arme auf dieser Welt, nur die euren, sagte er dann zu den Milliarden von Menschen. Multipliziert mit der Zahl zwei. So viele Hände sagte Jesus zu mir. Zu viele nichtsnutzige Hände, sagte ich zu ihm. Ich, das Kind.

Siehst du den weißen Mann im Hintergrund zu mir, dem Kind, Franziskus?

Siehst du den verlorenen weißen Mann im Hintergrund, Franziskus? Das bist du und das bin ich. Nein.

Ich, das Kind, sage dir jetzt deine Aufgabe. Kein anderer Mensch, in dieser medialen Welt, kann so viele Menschen erreichen wie du. Ich, das Kind, sage dir, geißele die Gleichgültigkeit der Menschen! Prangere deren Dekadenz an Schrei vor ihnen. Widerstehe ihnen. Mach dich zum Lamm unter den Wölfen. Darin soll dein Scheitern liegen! Geh ihnen voraus im Scheitern. Denn nicht dein Wille soll geschehen. Aber vorher musst du mir, dem Kind Jesu, deinen schönen weißen Mantel bringen und mir in die Augen schauen. Das wird dich verändern um dann mit sanfter Stimme, Franziskus, die starren Knochen zu brechen. Denn die Menschen sehen dann deine gelebte Barmherzigkeit mir gegenüber, dem Kinde Jesu, welches in diese Welt geworfen wurde um dir, Franziskus, deine müden und traurigen Augen zu öffnen.

Ich, Stephan, danke dir, dem Kind für meinen letzten Tag hier. 25000 km. Das Buch ist fertig. Hätte Montezuma nicht mich gestoppt nach Carcar zu fahren, wäre ich, Stephan, dir, dem Kind, nicht begegnet.

Es ist spät. Es ist am Regnen, da frieren die Menschen hier. Ich wäre fast über sie gestolpert. Ich gab ihr in meiner Hilflosigkeit Geldscheine. Die nahm sie schnell und sicher, als Mutter. Ich fragte ob ich fotografieren darf. Ich will doch keine Persönlichkeitsrechte verletzen. Sie sagte: Ja.

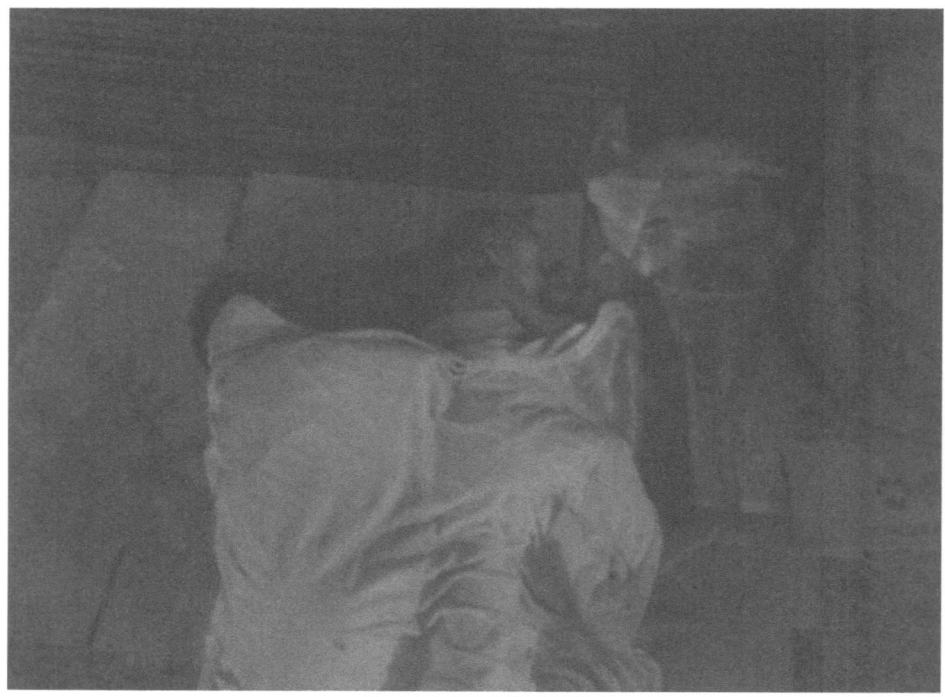

Wenn du, Franziskus, vollkommen sein willst, dann verkaufe alles was du hast. Dann folge mir. Aber du hast ja nichts. Bist wie ich bettelarm.

Es ist gut, dass du und deine Paladine dort so arm seid. Ihr habt nichts um es aus eurem Besitz verkaufen zu können. . Ihr seid so arm wie diese Kinder hier. Ihr habt das getan, was Jesus zu dem reichen Jüngling sagte. **Wenn du**

vollkommen sein willst, verkauf alles was du hast, und dann folge mir nach. Ihr seid so vollkommen in der Nachfolge wie diese Kinder hier. Sie kennen mich, das Kind Jesu. Stephan, was ist mit dir?

Stephan hat Angst vor seiner Zerrissenheit und seinem Unglauben. Ebenso, wie der dritte Mensch am Kreuz.

Hier und dort

Dort und hier

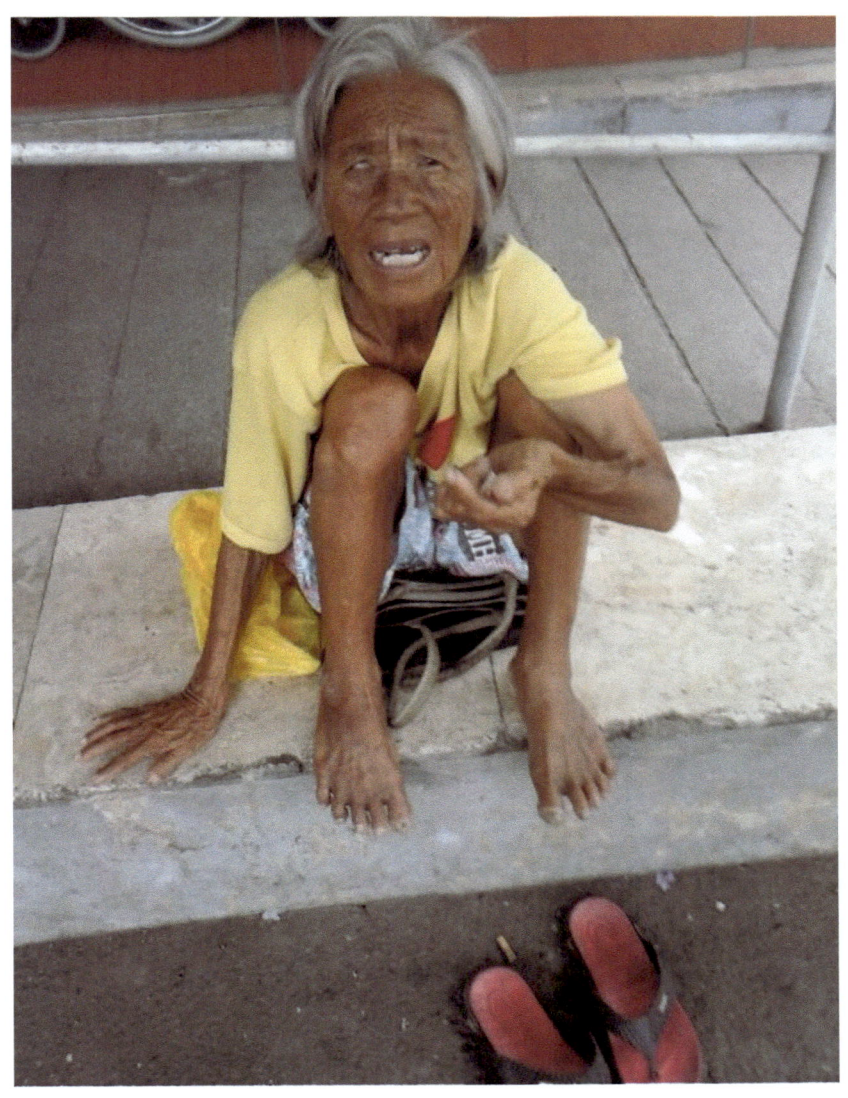

Wer mir nachfolgen will, der nehme sein Kreuz auf sich.